초등
기탄 글을 빠르고 바르게 이해하는 학습 프로그램

| 1단계_사회 |

☆ 독해가 어렵다고요?

글은 줄줄 잘 읽는데 막상 내용을 물어보면 고개를 갸우뚱하는 우리 아이! 뭐가 문제일까요? 바로 독해력이 부족하기 때문이에요. 독해력은 '글을 읽고 뜻을 이해하는 능력'을 말해요. 글자를 읽기만 하는 게 아니고, 내용을 바르게 이해하여 내 지식으로 만들 수 있는 능력이지요. 독해력이 뛰어나야 국어뿐만 아니라 수학, 과학, 사회, 역사, 예술 등 다른 공부를 할 때도 요점을 쉽게 파악하고 이를 바탕으로 세부 내용까지 이해하여 문제를 풀 수 있어요.

☆ 〈대단한 독해〉로 시작하세요

초등 기탄 〈대단한 독해〉는 영역별로 다양한 주제의 글을 읽고, 독해의 기초 원리를 적용한 문제를 차근차근 풀이하는 과정을 통해 독해력을 효과적으로 길러 주는 단계별 학습 프로그램이에요. 스스로 학습의 No.1 기탄교육이 만들어, 누구나 쉽고 즐겁게 독해 학습을 시작할 수 있답니다.

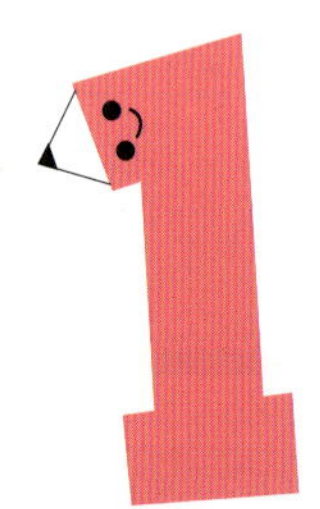

**하루 15분,
즐겁게 휘리릭~!**

처음에는 많이 읽기보다, 한 지문이라도 천천히 읽고 생각해 보며 흥미를 갖는 것이 중요해요. 〈대단한 독해〉는 쉽고도 부담 없는 분량의 지문으로 독해에 대한 재미와 성취감을 끌어올릴 수 있어요.

2 영역별 구성으로 즐거움 UP

〈대단한 독해〉는 단계별로 인문, 사회, 과학, 예술·스포츠 네 가지 영역, 총 4권으로 구성되어 있어요. 영역별 다양한 글을 읽으며 독해에 즐거움을 느낄 수 있지요. 또 교과 학습 과정과 연관된 내용을 통해 과목별 배경지식도 확장할 수 있답니다.

3 다양한 형태의 글 읽기로 사고력 UP

일기, 동화, 시, 설명문, 논설문, 생활문뿐 아니라 실생활에서 자주 볼 수 있는 안내문, 인터넷 게시판, SNS 등 다양한 형태의 글을 만나 볼 수 있어요. 다채로운 글을 읽으며 사고력과 이해력을 쑥쑥 키울 수 있어요.

4 낱말 풀이와 퀴즈로 어휘와 맞춤법까지 꼼꼼하게!

글에서 아이들이 어렵게 느낄 수 있는 어휘를 따로 정리해 두었어요. 또 그날 배운 어휘를 재미있는 퀴즈로 풀어 보며 뜻과 다양한 활용을 익힐 수 있지요. 맞춤법도 꼼꼼히 확인할 수 있답니다.

지문 독해 + 핵심 문제

<대단한 독해>는 1회당 4쪽씩
총 15회로 이루어져 있어요.
매일 4쪽씩 공부해 보세요.

시와 이야기, 설명문과 논설문 등
다양한 종류의 글과 독해 원리가
표시되어 있어요.

언제 공부했는지
날짜를 써 보세요.

독해 원리에 꼭 맞는 대표 유형
문제들은 왕관으로 표시했으니
주의하여 풀어 보세요.

우화 누가 무엇을 했는지 알기

은혜 갚은 독수리

일을 하고 돌아가던 농부가 그물에 걸린 독수리를 보았어요.
"저런, 꼼짝없이 죽게 생겼구나."
농부는 독수리가 *가여웠어요.
"조금만 기다려라."
농부가 그물을 풀어 주자 독수리는 훨훨 날아갔어요.
며칠이 지난 어느 날이었어요.
"어이쿠, 힘들다. 조금만 쉬었다 해야지."
밭에서 일하던 농부는 *근처에 있는 돌담에 *기대앉았어요. 그런
데 갑자기 독수리가 날아오더니 농부의 모자를 휙 *낚아챘어요.
"거기 서라! 거기 서!"
농부는 소리를 지르며 독수리를 쫓아갔어요. 하지만 독수리는 멈
추지 않고 계속 날아갔어요.
'내가 구해 주었는데 은혜도 모르고 모자를 가져가다니!'
그때 뒤에서 *요란한 소리가 났어요. 놀란 농부가 뒤
를 돌아보자 돌담이 와르르 무너져 내렸지요.
㉠'독수리가 나를 구하려고 모자를 채서 날아갔구나.
독수리가 아니었다면 나는 돌담에 깔렸을 거야.'
그때 독수리가 농부의 모자를 땅 위에 툭 떨어뜨
려 주었어요. 농부는 독수리에게 고맙다며 인사를
했답니다.

이솝, 「은혜 갚은 독수리」

* 가여웠어요: 마음이 아플 정도로 불쌍하고 딱했어요.
* 근처: 가까운 곳.
* 기대앉았어요: 벽 등에 몸을 의지하여 비스듬히 앉았어요.
* 낚아챘어요: 남의 물건을 재빨리 빼앗거나 가로챘어요.
* 요란한: 시끄럽고 떠들썩한.

8

공부한 날

내용 이해

1 이 글에 나오는 인물은 누구와 누구인지 빈칸에 쓰세요.

☐☐ 와 ☐☐☐

내용 이해

2 이 글에서 농부가 한 일은 무엇인가요? ( )

① 그물로 독수리를 잡았다.　　② 모자를 낚아채 달아났다.
③ 모자를 땅 위에 떨어뜨렸다.　　④ 돌을 쌓아 담을 만들었다.
⑤ 그물을 풀어 독수리를 구했다.

추론하기

3 ㉠에서 짐작할 수 있는 농부의 마음에 ○표 하세요.

슬픈 마음	고마운 마음	부끄러운
(1) ( )	(2) ( )	(3) (

비판하기

4 독수리의 행동에 대해 알맞게 말한 친구에게 ○표 하세요.

(1) 자신을 구한 농부의 모자를 낚아채서 달아나
수리는 은혜를 모르는 동물이야.

(2) 돌담이 무너지려는 것을 알고 농부를 구하기
자를 낚아채다니 독수리는 지혜롭구나.

'어떻게 읽을까'는 글을 읽어 나가는
방향을 알려 주는 길잡이예요. 글을
읽기 전에 먼저 살펴 두세요.

어려운 낱말은 낱말 풀이에 정리해
두었어요. 낱말의 뜻을 알아보며
읽어 보세요.

2 짧은 지문 독해 + 어휘력 퀴즈

독해 원리와 관련 있는 지문을
다시 한번 공부해요.

지문에 나온 낱말의 뜻과 쓰임,
어휘, 맞춤법을 퀴즈로 풀어 봐요.

[5~6] 다음을 읽고 물음에 답하세요.

　*무더운 여름날이었어요. 물을 마시려던 개미가 발을 *헛디뎌 물에 빠지고 말았어요.
　"앗, 살려 주세요!"
　그때 마침 나무에 앉아 있던 비둘기가 그 모습을 보았어요. 비둘기는 ㉠*재빠르게 나뭇잎을 따서 개미에게 던져 주었어요.
　"개미야, 어서 그 나뭇잎을 잡아!"
　개미는 온 힘을 다해 나뭇잎을 잡고 땅 위로 올라왔어요.
　"비둘기야, 고마워. 네 덕분에 목숨을 구했어."

이솝, 「개미와 비둘기」

* 무더운: 찌는 듯 견디기 어렵게 더운.
* 헛디뎌: 발을 잘못 디뎌.
* 재빠르게: 움직임이 아주 빠르게.

어휘 알기

5 ㉠과 뜻이 반대되는 낱말은 무엇인가요? (　　　)

① 날쌔게
② 잽싸게
③ 날래게
④ 느리게
⑤ 신속하게

내용 이해

6 다음과 같은 행동을 한 인물을 골라 ○표 하세요.

여름날에 물을 마시려고 했다	나뭇잎을 따서 던져 주었다.	나뭇잎을 잡고 땅 위로 올라왔다.
(1) (개미 / 비둘기)	(2) (개미 / 비둘기)	(3) (개미 / 비둘기)

☆어휘력 빵빵

1 다음 뜻에 알맞은 낱말을 선으로 이으세요.

(1) 시끄럽고 떠들썩하다.
(2) 찌는 듯 견디기 어렵게 덥다.
(3) 남의 물건을 빼앗거나 가(…)

㉮ 무덥다　㉯ 요란하다　㉰ 낚아채다

2 보기처럼 나머지 셋을 포함하는 낱말에 색칠하세요.

보기	감나무	밤나무	벚나무	나무
(1)	개미	나비	곤충	벌
(2)	독수리	비둘기	까치	새
(3)	농부	직업	가수	의사

오늘 학습은 어땠나요? ☑해 보세요.　　쉬움 ☐　　보통 ☐　　어려움 ☐

앞서 배운 독해 원리를
대표 유형 문제로 반복해서
연습해요.

오늘의 공부를 마친 뒤에는
독해 학습이 어땠는지
스스로 평가해요.

6가지 독해 문제 유형

내용 이해
글에 나타난 정보나 사실 등을 이해하고 확인하는 문제 유형이에요. 글의 제목이나 중심 문장을 찾아보거나, 글쓴이의 의견과 까닭, 이야기 속에서 일어난 일을 찾는 문제가 주로 나와요. 글을 전체적으로 빠르게 훑어 보고, 문제와 관련 있는 부분은 좀 더 주의를 기울여 읽으면서 글의 내용을 파악해 보세요.

구조 알기
글의 짜임을 파악하고 중요한 내용을 간추려 보는 문제 유형이에요. 각 문단의 내용을 파악해 전체 글의 구조를 이해하는 문제나 일이 일어난 차례를 알아보는 문제가 주로 나와요. 글을 읽을 때 간단한 그림이나 표로 정리해 보면, 대상을 비교하거나 글의 흐름을 파악하는 데 도움이 될 수 있어요.

추론 하기
글의 내용을 바탕으로 글에 숨겨진 정보나 의미를 유추해 보는 문제 유형이에요. 생략된 내용을 추측하거나, 이야기 속 인물의 말과 행동을 통해 생각이나 성격을 짐작하는 문제가 주로 나와요. 글의 전체 내용을 이해하고, 앞뒤 문장이나 중심 낱말을 중점적으로 살펴보며 문제를 해결할 단서를 찾아보세요.

비판 하기
글에 나오는 의견과 근거가 올바른지 판단하고 평가하는 문제 유형이에요. 글쓴이의 생각과 그 까닭이 타당한지 살펴보거나, 이야기 속 인물의 생각과 내 생각을 비교해 보는 문제가 주로 나와요. 글쓴이나 인물의 의견이 한쪽으로 치우치지 않는지, 까닭은 의견을 잘 뒷받침하고 있는지 꼼꼼하게 따져 보세요.

문제 해결
글의 내용을 실제 생활에 적용해 보는 문제 유형이에요. 글쓴이가 겪은 일과 비슷한 경험을 찾는 문제가 주로 나와요. 글쓴이의 생각이나 이야기 속 인물의 마음이 잘 드러난 부분을 읽으며 자신의 경험을 떠올려 보거나, 다른 사람의 입장에 비추어 보는 과정을 통해 문제 상황을 이해하고 해결 방안을 찾을 수 있어요.

어휘 알기
글을 읽으며 낱말을 살펴보고, 낱말의 정확한 뜻과 형태를 알아보는 문제 유형이에요. 낱말과 관용어, 속담의 의미를 물어보거나 비슷한말과 반대말 등 낱말 사이의 관계에 관한 문제가 주로 나오지요. 낱말의 올바른 뜻과 맞춤법을 익히는 것은 글을 빠르고 정확하게 이해하기 위한 기본 원리랍니다.

1단계 (초등 1~2학년)_사회

설명문 **설명문** 소리가 비슷한 낱말에 주의하며 글 읽기

개똥이 약이 된다고?

필요한 일이 생겨서 뭔가를 찾을 때, 아주 흔한 물건인데도 찾기 어려울 때가 있지요? 서랍 속에서 내내 굴러다니던 노란 고무줄들이 갑자기 봉지 묶을 일이 생겨서 찾아보면 다 어디로 ㉠갖는지 보이지 않을 때처럼 말이에요.

이럴 때 딱 어울리는 *속담이 바로 "개똥도 약에 쓰려면 없다."랍니다. "평소에는 흔하던 것이 막상 필요하여 쓰려고 하면 없다."라는 뜻이지요. 옛날에는 집을 지키는 개 말고도 동네를 돌아다니는 개들이 많아 길거리에서 개똥을 자주 볼 수 있었어요. 그래서 속담에서도 주변에 있는 흔한 것으로 개똥이 나온 거예요.

그런데 정말 이 속담처럼 옛날 사람들은 개똥을 약으로 썼을까요? 그 답은 조선 시대 *의학자 허준이 쓴 『동의보감』이라는 책에서 찾을 수 있어요. 이 책에는 "흰 개의 똥은 살갗이 *곪는 병을 고치는 데 효과가 있다."라는 내용이 들어 있지요. 이렇듯 우리 조상들은 하찮은 개똥도 쓸모없게 여기지 않았어요. 땅을 *기름지게 만드는 ㉡걸음뿐 아니라 약으로도 *유용하게 썼답니다.

어떻게 읽을까?
글에서 소리가 비슷한 낱말이 잘못 쓰인 부분에 주의하며 읽어 봐.

* **속담**: 옛날부터 전해 내려오는 지혜가 담긴 짧은 말.
* **의학자**: 의학을 전문적으로 연구하는 사람.
* **곪는**: 상처 난 곳에 염증으로 인하여 고름이 생기는.
* **기름지게**: 땅에 양분이 많게.
* **유용하게**: 어떤 일에 쓸모가 있게.

1 이 글의 내용으로 알맞으면 ○표, 알맞지 <u>않으면</u> ✕표 하세요.

(1) 우리 속담에 개똥이 나오는 속담이 있다.   (   )

(2) 옛날에는 길에서 개똥을 자주 볼 수 없었다.   (   )

(3) 『동의보감』에는 개똥을 약으로 썼다는 내용이 나온다.   (   )

2 ㉠, ㉡을 문장의 내용에 알맞게 고쳐 쓰세요.

(1)   ㉠ 갖는지   ➡

(2)   ㉡ 걸음   ➡

3 다음은 속담에 쓰인 낱말이 뜻하는 것을 정리한 표예요. 빈칸에 들어갈 알맞은 낱말은 무엇인가요? (   )

> 개똥도 약에 쓰려면 없다
> 평소에는 흔하던 것이 막상 필요하여 쓰려고 하면 없다.

개똥	약
⬇	⬇
주변에 있는 흔한 것	☐ 것

① 힘든   ② 하찮은   ③ 무거운

④ 필요한   ⑤ 쓸모없는

우리나라에는 '똥'이 나오는 속담이 많이 있어요.

"똥 누러 갈 적 마음 다르고 올 적 마음 다르다."는 속담은 자기 일이 급할 때는 도와 달라며 매달리다가 그 일을 무사히 다 ⊙ 나면 모른 체한다는 말이에요. 또 다른 속담으로 "똥 묻은 개가 *겨 묻은 개 나무란다."는 말도 있지요. 이 말은 자기가 더 큰 *흉이 있으면서 다른 사람의 작은 흉을 본다는 뜻이에요. 잘못을 저지른 사람이 오히려 남보고 성낸다는 뜻의 "똥 싸고 *성낸다."는 속담도 많이 쓰인답니다.

* **겨**: 벼, 보리 등의 곡식을 찧을 때 벗겨져 나오는 얇은 껍질.
* **흉**: 남에게 비웃음을 살 만한 말이나 행동.
* **성낸다**: 몹시 불쾌해하거나 노여워한다.

4 ⊙에 들어갈 알맞은 낱말에 ○표 하세요.

(마치고 / 맞히고)

5 속담에 알맞은 뜻을 선으로 이으세요.

(1) 똥 싸고 성낸다 ● — ● ㉮ 잘못을 저지른 사람이 오히려 남에게 성낸다.

(2) 똥 묻은 개가 겨 묻은 개 나무란다 ● — ● ㉯ 자기가 더 큰 흉이 있으면서 남의 작은 흉을 본다.

(3) 똥 누러 갈 적 마음 다르고 올 적 마음 다르다 ● — ● ㉰ 자기 일이 급할 때는 도와 달라며 매달리다가 그 일이 끝나면 모른 체한다.

어휘력 팡팡

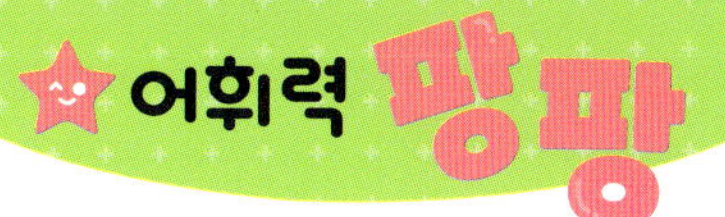

1 다섯 고개에서 말하는 '이것'은 무엇인지 빈칸에 쓰세요.

첫 번째 고개
'이것'은 옛날부터 전해 내려오는 말이에요.

두 번째 고개
'이것'은 짧은 글을 가리켜요.

세 번째 고개
'이것'은 지혜를 담고 있는 말이에요.

네 번째 고개
"가재는 게 편"을 '이것'의 예로 들 수 있어요.

다섯 번째 고개
'이것'은 두 글자의 낱말이에요.

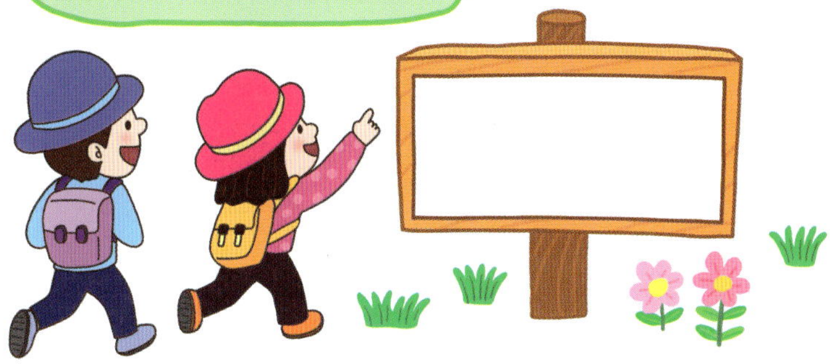

2 빈칸에 들어갈 알맞은 낱말을 보기에서 찾아 쓰세요.

보기	약	성	똥	흉

(1) 유진이는 아끼는 장난감을 만진 동생에게 ☐ 을 냈어요.

(2) 나는 친구가 잘못을 했더라도 ☐ 을 보거나 놀리지 않아요.

오늘 학습은 어땠나요? ✔해 보세요. 쉬움 ☐ 보통 ☐ 어려움 ☐

ㄱ

많은 외국인들이 우리나라를 '김치의 나라', '비빔밥의 나라'라고 말해요. 우리나라를 대표하는 *전통 음식이 김치와 비빔밥이기 때문이에요. 우리나라처럼 세계 여러 나라에도 전통 음식이 있지요. 다른 나라에는 어떤 전통 음식이 있을까요?

사방이 바다인 영국에는 '피시앤칩스'가 있어요. 바다에서 잡은 흰 살 생선을 튀겨서 감자튀김과 함께 먹는 음식인데, 아주 바삭하고 부드러운 맛이 나요.

터키에는 작게 썬 고기 조각을 *꼬챙이에 끼워 굽는 '케밥'이 있어요. 케밥은 고기의 종류와 만드는 방법에 따라 그 종류가 아주 다양해요. 이 음식은 양을 키우면서 이리저리 옮겨 다니던 사람들이 *간편하게 먹기 위해 만든 음식이라고 하지요.

우리가 잘 알고 있는 '쌀국수'는 베트남의 전통 음식이에요. 쌀이 많이 나는 베트남에서는 쌀국수를 주로 아침이나 점심 식사로 간단히 먹어요. 베트남에서는 쌀국수를 '포'라고 부른답니다.

이렇듯 세계 여러 나라의 전통 음식을 보면 그 나라의 자연환경과 *지역의 *특징을 알 수 있어요.

* **전통 음식**: 옛날부터 전해 내려오는 방식대로 만든 음식.
* **꼬챙이**: 끝이 뾰족한 가늘고 긴 막대기.
* **간편하게**: 간단하고 편리하게.
* **지역**: 기준에 따라 테두리를 정해 놓은 땅.
* **특징**: 다른 것과 두드러지게 달라 눈에 띄는 점.

내용 이해

1 ㉠에 들어갈 제목으로 알맞은 것은 무엇인가요? (   )

① 세계 여러 나라　　　　　　② 내가 좋아하는 음식

③ 우리나라의 전통 음식　　　④ 세계 여러 나라의 전통 음식

⑤ 우리나라에서 인기 있는 외국 음식

내용 이해

2 각 나라별 전통 음식을 찾아 선으로 이으세요.

(1) 영국　　　(2) 터키　　　(3) 베트남

㉮ 케밥　　　㉯ 쌀국수　　　㉰ 피시앤칩스

구조 알기

3 다음은 이 글의 내용을 간추린 것이에요. 빈칸에 들어갈 알맞은 낱말을 쓰세요.

세계 여러 나라에는 다양한 ☐☐ 음식이 있다. 영국에는 피시앤칩스, 터키에는 ☐☐, 베트남에는 쌀국수가 있다. 이와 같이 그 나라의 음식을 보면 자연환경과 지역의 ☐☐을 알 수 있다.

[4~5] 다음을 읽고 물음에 답하세요.

＊ 반죽: 가루에 물을 붓고 섞어 개어 놓은 것.

4 ㉠에 들어갈 제목으로 알맞은 것은 무엇인가요? (   )

① 낚시 준비물　　② 튀김을 파는 가게

③ 밀가루 반죽이란?　　④ 맛있는 흰 살 생선

⑤ 피시앤칩스 만드는 법

5 이 음식을 만드는 차례에 맞게 숫자를 쓰세요.

(   )　　(   )　　(   )　　(   )

1 다음 뜻에 알맞은 낱말을 보기 에서 찾아 사다리를 타고 내려가 빈칸에 쓰세요.

2 다음 그림에 알맞은 요리 방법을 선으로 이으세요.

오늘 학습은 어땠나요? ☑해 보세요.   쉬움 ☐   보통 ☐   어려움 ☐

고조선을 세운 단군

옛날 아주 먼 옛날, 하늘 나라에는 환웅이 살고 있었어요. 환웅은 하늘을 다스리는 신의 아들이었는데, 늘 인간 세상을 사랑했지요.

"그래, 인간 세상으로 내려가 저들을 살기 좋게 만들어야겠어."

환웅은 비, 구름, 바람을 다스리는 신하와 삼천 명의 사람들을 거느리고 *태백산에 내려와 인간 세상을 다스렸어요.

그러던 어느 날, 곰과 호랑이가 환웅을 찾아왔어요.

"환웅님, 저희도 사람이 되고 싶어요."

환웅은 곰과 호랑이를 *기특하게 여겨서 *쑥과 마늘만 먹고 동굴에서 100일을 견디면 사람이 될 것이라고 했어요. [㉠] 호랑이는 이를 참지 못하고 동굴을 뛰쳐나왔어요. 반면에 동굴에서 참고 견딘 곰은 21일 만에 여자로 변했답니다.

여자로 변한 곰은 '웅녀'라고 불렸어요. 웅녀는 다른 인간들처럼 아기를 갖고 싶어 했어요. 이 *소원을 알게 된 환웅은 웅녀와 결혼했고, 얼마 뒤 '단군'이라는 아들이 태어났어요. 어른이 된 단군은 나라를 세워 이름을 '조선'이라고 했어요. 이 나라가 *한반도 최초의 나라인 '고조선'이랍니다.

* **태백산**: 백두산의 옛날 이름.
* **기특하게**: 말이나 하는 짓이 흐뭇하고 칭찬해 줄 만하게.
* **쑥**: 어린잎은 먹고 다 자란 잎은 말려서 약으로 쓰는, 들에 나는 풀.
* **소원**: 이루어지기를 바라는 그 일.
* **한반도**: 우리나라 국토를 이루는 땅. 삼면이 바다로 둘러싸이고 한 면은 육지에 이어진 땅임.

1 이 글의 내용으로 알맞지 <u>않은</u> 것은 무엇인가요? (   )

① 웅녀는 단군을 낳았다.

② 호랑이는 사람이 되지 못했다.

③ 곰은 100일 만에 사람이 되었다.

④ 고조선은 한반도 최초의 나라이다.

⑤ 환웅은 하늘을 다스리는 신의 아들이었다.

2 ㉠에 들어갈 낱말로 알맞은 것에 ○표 하세요.

만약	그래서	그러나
(1) ( )	(2) ( )	(3) ( )

3 이 글에서 일이 일어난 차례에 맞게 숫자를 쓰세요.

단군이 나라를 세워 '조선'이라고 이름 붙였다.

곰과 호랑이가 환웅을 찾아와 사람이 되고 싶다고 빌었다.

환웅이 비, 구름, 바람을 다스리는 신하와 사람들을 거느리고 태백산에 내려왔다.

17

단군 할아버지께

단군 할아버지, 안녕하세요? 저는 △△초등학교 1학년 강민서예요.

오늘 도서관에서 『단군 이야기』라는 책을 ㉠일거써요. 이 책에서 할아버지께서 세우신 고조선이라는 나라에 대해 알게 되었지요. 단군 할아버지가 우리나라의 *시조라는 것도요. 그래서 감사한 마음을 전하고 싶어서 편지를 써요.

처음으로 우리나라를 세워 주셔서 고맙습니다. 앞으로 우리나라를 더욱 아끼고 사랑할게요. 그럼 안녕히 계세요.

20☆☆년 ☆월 ☆일
강민서 올림

＊ **시조**: 겨레나 집안의 맨 처음이 되는 조상.

구조 알기

4 '민서'가 한 일을 차례에 맞게 정리한 것에 ○표 하세요.

(1)
『단군 이야기』를 읽고 단군이 시조라는 것을 알았다.
↓
단군 할아버지께 감사한 마음을 전하고 싶었다.
↓
단군 할아버지께 감사 편지를 썼다.

(　)

(2)
단군 할아버지께 감사한 마음을 전하고 싶었다.
↓
『단군 이야기』를 읽고 단군이 시조라는 것을 알았다.
↓
단군 할아버지께 감사 편지를 썼다.

(　)

어휘 알기

5 ㉠을 맞춤법에 맞게 쓰세요.

(　)

1 다음 뜻에 알맞은 낱말을 골라 길을 찾으세요.

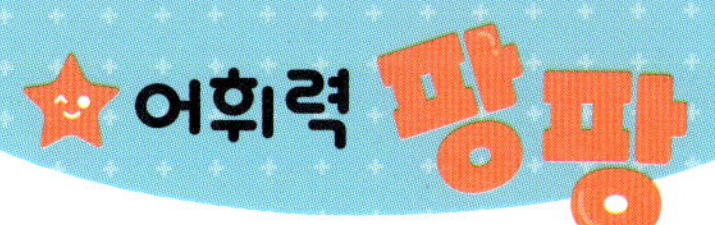

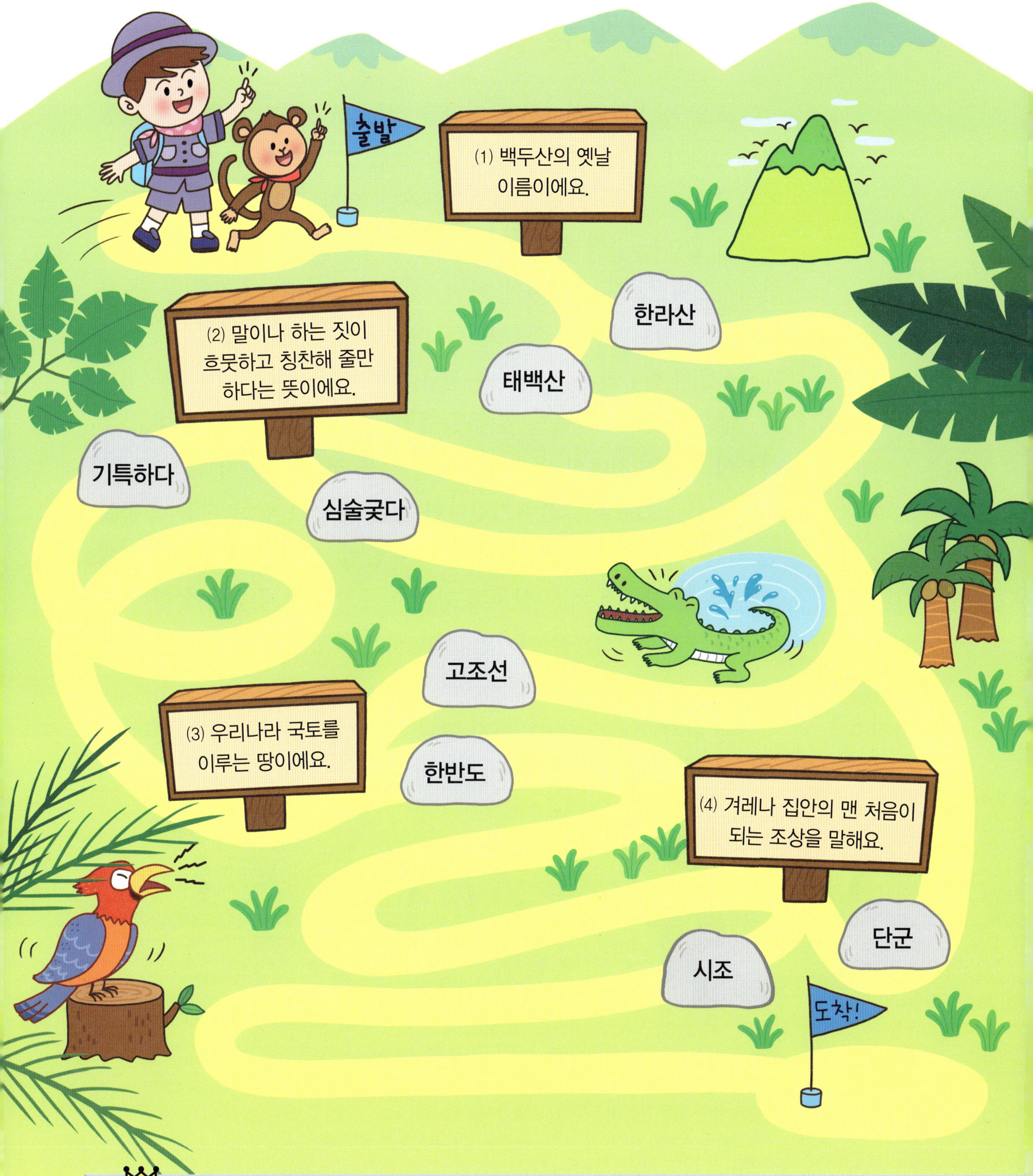

오늘 학습은 어땠나요? ✓해 보세요. 쉬움 ☐ 보통 ☐ 어려움 ☐

논설문 글쓴이의 생각과 까닭 찾기

교통 신호를 잘 지켜요

학교 앞 삼거리에서 *무단 횡단을 하는 친구들이 가끔 있다고 합니다. "차가 한 대도 안 오는데 뭐 어때?", "*지각하면 안 되니까." 하는 *핑계를 대면서 말이에요. 하지만 우리는 차가 오지 않아도, 시간이 없어도 절대 무단 횡단을 해서는 안 됩니다. 길을 건널 때는 반드시 *횡단보도로 건너야 하며, 횡단보도에서는 신호등을 잘 보고 건너야 합니다.

신호등의 빨간불과 초록불은 길을 다니는 사람과 차의 '약속'입니다. 빨간불에는 횡단보도 앞에서 멈춰서 기다려야 하고, 반대로 초록불이 켜지면 차들이 멈추고 우리가 길을 건널 수 있지요.

　⊙　초록불이 깜빡거린다면 길을 건너지 말고 다음 초록불이 켜질 때까지 기다려요. 그리고 초록불이 켜져도 바로 건너지 말고 길을 잘 살펴서 차가 완전히 멈춘 뒤에 안전하게 건너야 합니다. 이렇게 교통 신호를 잘 지키면 크고 작은 교통사고를 막을 수 있습니다.

"5분 먼저 가려다 50년 먼저 간다."라는 말이 있듯이, 아무리 급해도 마음의 *여유를 가지고 교통 신호를 잘 지키도록 합시다.

* **무단 횡단**: 교통 신호를 지키지 않거나 횡단보도가 아닌 곳에서 길을 건넘.
* **지각하면**: 제 시간보다 늦게 도착하면.
* **핑계**: 어떤 일을 피하거나 감추려고 둘러대는 말.
* **횡단보도**: 사람이 건너다닐 수 있도록 차도 위에 표시를 해 놓은 길.
* **여유**: 느긋하고 차분한 마음이나 태도.

1 글쓴이의 생각으로 알맞은 것은 무엇인가요? (   )

① 차를 아끼자.   ② 신호등을 만들자.

③ 교통 신호를 잘 지키자.   ④ 횡단보도를 건너지 말자.

⑤ 교통사고가 무엇인지 알자.

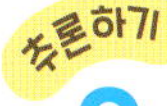

2 ㉠에 들어갈 알맞은 낱말에 ○표 하세요.

마치	만약	결코	그러면

3 글쓴이의 생각에 대한 까닭이 <u>아닌</u> 것에 ○표 하세요.

크고 작은 교통사고를 막을 수 있다.	부모님이나 어른들께 칭찬을 받을 수 있다.	신호등의 빨간불과 초록불은 사람과 차의 '약속'이다.
(1) ( )	(2) ( )	(3) ( )

4 글쓴이와 비슷한 생각을 말한 친구에게 ○표 하세요.

[5~6] 다음을 읽고 물음에 답하세요.

여러분, 길을 걷다가 이런 교통 *표지판을 본 적 있지요?

교통 표지판은 도로에서 알아야 할 내용을 그림이나 문자로 표시한 것을 말해요. 첫 번째 표지판은 그곳이 횡단보도라는 거예요. 두 번째 표지판은 *보행자가 지나다닐 수 없는 곳이라는 뜻이지요. 이렇게 교통 표지판은 눈에 잘 띄는 글씨와 색으로 도로에 대한 *정보와 주의할 점을 알려 주지요.

그래서 도로를 지나다닐 때 교통 표지판을 잘 살펴보면 도로를 더욱더 안전하게 이용할 수 있답니다.

* **표지판**: 글자, 그림 같은 것으로 어떤 내용을 나타내는 판.
* **보행자**: 길거리를 걸어서 다니는 사람.
* **정보**: 어떤 일에 대한 지식이나 자료.

내용 이해

5 다음 친구가 설명하는 표지판은 무엇인지 ○표 하세요.

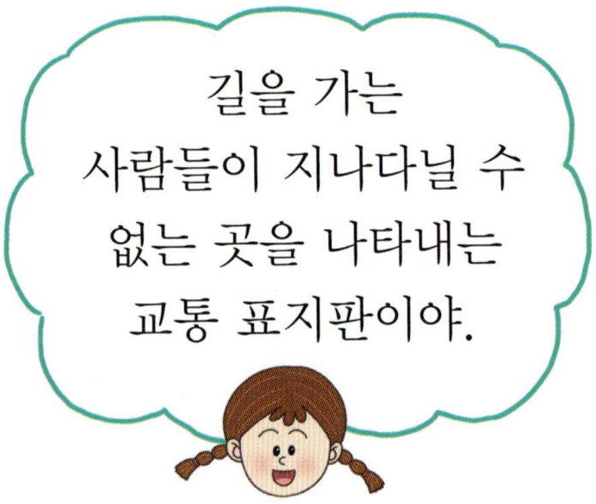

(1) 　　(2) 

(　　　　)　　(　　　　)

내용 이해

6 이 글에서 글쓴이가 하고 싶은 말은 무엇인가요? (　　　　)

① 교통 표지판을 바꾸자.　　② 교통 표지판을 잘 살펴보자.

③ 도로에 횡단보도를 표시하자.　　④ 도로에 대한 정보를 알려 주자.

⑤ 어린이를 위한 교통 표지판을 만들자.

1 그림에 알맞은 낱말을 빈칸에 쓰세요.

2 빈칸에 들어갈 알맞은 낱말을 글자 카드로 만들어 쓰세요.

| 드 | 핑 | 반 | 계 | 시 |

(1) 현우는 배가 아파서 늦었다는 □□ 를 댔어요.

(2) 차가 오지 않아도, 시간이 없어도 교통 신호를 □□□ 지켜야 해요.

무궁화꽃이 피었습니다

'무궁화꽃이 피었습니다'는 *술래에게 몰래 다가가서 술래를 치고 달아나는 놀이예요. 준비물도 필요없고 움직일 수 있는 넓은 *공간만 있으면 되지요.

㉠먼저 가위바위보를 해서 술래를 한 명 정해요. 술래는 벽이나 나무 기둥을 마주보고 서고, 나머지 아이들은 술래와 멀리 떨어진 *출발선 앞에 서요.

㉡다음으로, 술래는 눈을 감고 '무궁화꽃이 피었습니다'를 외쳐요. 그동안 나머지 아이들은 술래에게 몰래 다가가요. '무궁화꽃이 피었습니다'를 외친 다음, 술래는 ㉢뒤로 돌아 움직이는 사람을 잡아내요. 이때 움직인 사람은 *포로가 되어 술래와 손을 잡고 줄지어 서요. ㉣이렇게 '무궁화꽃이 피었습니다'를 외치고 다가가는 일을 되풀이해요.

㉤마지막으로, 술래에게 가장 가까이 *접근한 아이가 술래와 포로가 잡은 손을 쳐서 끊어요. 그러면 술래가 아닌 아이들은 모두 출발선으로 도망가요. 출발선에 도착하기 전에 술래에게 잡힌 아이는 다음번 술래가 된답니다.

* **술래**: 술래잡기 놀이에서 숨은 아이들을 찾아내는 아이.
* **공간**: 아무것도 없는 빈 곳이나 자리.
* **출발선**: 출발하는 곳을 나타내려고 그어 놓은 선.
* **포로**: 사로잡은 적.
* **접근한**: 가까이 다가간.

1 이 글의 내용으로 알맞으면 ○표, 알맞지 <u>않으면</u> ✕표 하세요.

(1) 처음 술래는 가위바위보로 정한다. (   )

(2) 놀이에서 포로가 되는 아이는 한 명이다. (   )

(3) 나머지 아이들은 술래가 등을 돌렸을 때만 움직일 수 있다. (   )

2 ㉠~㉤ 중 일의 차례를 나타내는 말을 <u>세 개</u> 고르세요. (,   ,   )

① ㉠   ② ㉡   ③ ㉢   ④ ㉣   ⑤ ㉤

3 '무궁화꽃이 피었습니다' 놀이를 하는 차례에 맞게 숫자를 쓰세요.

가위바위보를 해서 술래를 정한다.

(   )

술래가 뒤로 돌아 움직인 사람을 잡아내고 포로와 손을 잡고 선다.

(   )

술래가 등을 돌려 외치는 동안 나머지 아이들은 술래에게 다가간다.

(   )

4 이 글에 대해 알맞게 말한 친구에게 ○표 하세요.

(1) '무궁화꽃이 피었습니다' 놀이를 하는 방법을 차례에 따라 자세히 설명했어.

(2) '무궁화꽃이 피었습니다' 놀이와 술래잡기 놀이가 어떤 점이 비슷한지 알려 주고 있어.

[5~6] 다음을 읽고 물음에 답하세요.

'젠가' 게임하는 방법

젠가는 길쭉한 나무 *블록을 높게 쌓아 두고 순서를 정해 블록을 하나씩 빼내는 놀이예요. 놀이 방법이 간단해 누구나 쉽게 할 수 있지요.

첫째, *평평한 바닥에 가로와 세로 방향으로 나무 블록을 *번갈아 3개씩 올려 탑을 쌓아요.

둘째, 가위바위보를 해서 블록을 빼낼 순서를 정해요.

[　㉠　], 정한 순서에 따라 나무 블록을 밀거나 당겨서 하나씩 빼내요. 빼낸 블록은 맨 위층에 다시 올려놓아요. 이때, 블록을 제대로 빼내지 못하거나 탑을 무너뜨린 사람은 놀이에서 지게 되지요.

* **블록**: 쌓아 올리도록 만든 장난감.
* **평평한**: 바닥이 고르고 넓게 퍼져 있는.
* **번갈아**: 차례를 자꾸 바꾸며.

5 젠가 게임하는 방법의 차례에 맞게 숫자를 쓰세요.

블록을 빼낼 순서를 정한다.	나무 블록을 하나씩 빼낸다.	가로와 세로 방향으로 나무 블록을 쌓는다.
(1) (　　　)	(2) (　　　)	(3) (　　　)

6 ㉠에 들어갈 알맞은 낱말은 무엇인가요? (　　　)

① 먼저　　　② 처음　　　③ 결국　　　④ 셋째　　　⑤ 여러 번

1 첫소리를 참고해 다음 뜻에 알맞은 낱말을 쓰세요.

(1) 

ㅈ ㄱ ㅎ ㄷ

가까이 다가가다.

(2)

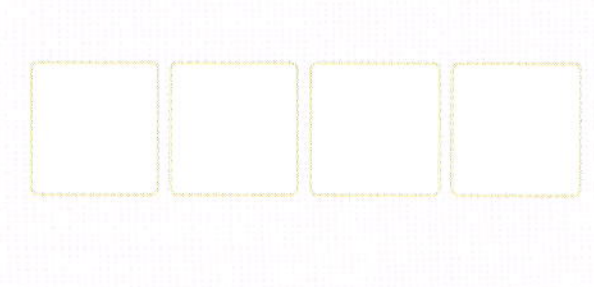

ㅍ ㅍ ㅎ ㄷ

바닥이 고르고
넓게 퍼져 있다.

(3) 

ㅊ ㅂ ㅅ

출발하는 곳을
나타내려고
그어 놓은 선.

2 ( ) 안에 들어갈 알맞은 낱말에 ○표 하세요.

(1) 빵 가게 (위 / 웃)층에는 치과가 있어요.

(2) (위 / 웃)어른을 만나면 공손히 인사하자.

오늘 학습은 어땠나요? ✔해 보세요.　쉬움 ☐　보통 ☐　어려움 ☐

동시 시에서 글쓴이의 경험 찾기

| ㉠ |

정두리

금요일, 토요일
학교 가지 않는 날

*덤으로 얻은
*부록으로 받은 선물 같아
펑펑 놀기만 했지

월요일 아침
책가방 챙기면서
㉡ 뭔가 자꾸 *헐렁해지는 기분
그게 뭘까?

달력 속 사흘은
그냥 동그랗게 구멍 나 있었어
누가 훔쳐 간 것처럼.

> **어떻게 읽을까?**
> 글쓴이가 어떤 날의 경험을 담아 썼는지 생각하며 시를 읽어 봐.

* **덤**: 제 값어치 외에 거저로 조금 더 얹어 주는 일.
* **부록**: 신문이나 잡지, 책자 등에 딸려 있는 작은 책자나 물건.
* **헐렁해지는**: 헐거운 듯한 느낌이 있는.

1 이 시에 나타난 글쓴이의 경험을 알맞게 말한 친구의 이름을 쓰세요.

(　　　　　　　　　　)

2 ㉠에 들어갈 제목으로 알맞은 것은 무엇인가요? (　　　　)

① 생일잔치　　　　② 딱지치기　　　　③ 도둑맞은 날
④ 즐거운 월요일　　⑤ 개구쟁이 내 동생

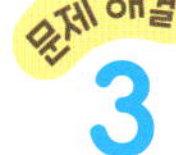

3 ㉡과 비슷한 마음을 느낀 친구에게 ○표 하세요.

⑴ 맛있는 음식을 먹어서 기분이 좋았어.

⑵ 방학 동안 책을 많이 읽어서 뿌듯했어.

⑶ 주말 내내 텔레비전만 봤더니 시간이 빨리 지나간 것 같았어.

도서관에 갔는데

학생 작품

"책 좀 읽어라."
엄마의 잔소리에 도서관으로 간다.

㉠투덜투덜 가지만
도서관을 보니 기분은 좋다.

그런데 오늘이 *휴관일이란다.
오랜만에 도서관에 갔는데.

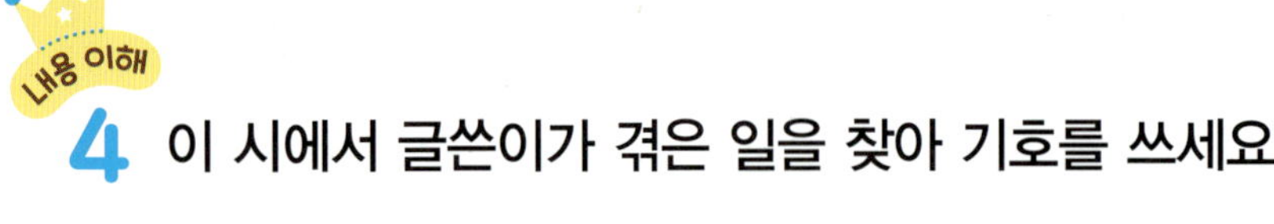

* **휴관일**: 도서관, 미술관 등이 업무를 하루 또는 한동안 쉬는 날.

내용 이해

4 이 시에서 글쓴이가 겪은 일을 찾아 기호를 쓰세요.

> ㉮ 동생 손을 잡고 도서관에 간 일.
>
> ㉯ 도서관 휴관일에 도서관에 간 일.
>
> ㉰ 학교 숙제를 하기 위해 도서관에 간 일.

(   )

어휘 알기

5 빈칸에 ㉠이 들어갈 수 있는 문장에 ○표 하세요.

이마에서 땀이 ☐ 흘렀다.	출발선에 서자 가슴이 ☐ 떨렸다.	동생은 새 옷을 사 주지 않는다고 ☐ 불평했다.
(1) ( )	(2) ( )	(3) ( )

1 글자들이 도서관에 숨었어요. 질문에 알맞은 낱말을 찾아 빈칸에 쓰세요.

(1) 지금 지나가고 있는 이날은?

(2) 일요일 다음에 오는 요일은?

(3) '하루, 이틀, ☐, 나흘'에서 빈칸에 들어갈 알맞은 낱말은?

일기 겪은 일에 대한 생각이나 느낌 찾기

| 20△△년 2월 12일 | 날씨: 맑았다 흐림 |

마음을 담은 편지

얼마 전 아랫집 민준이네가 이사를 가고 다른 가족이 이사를 왔다. 늘 함께 놀던 민준이와 헤어지게 되어서 서운했다. 아랫집에 새로 이사 온 가족은 예쁜 아기가 있었다.

그런데 어제 아랫집으로부터 편지를 받았다. "아기가 있으니 늦은 밤에는 조금만 조용히 해 주세요."라는 내용이 담긴 편지였다. 편지는 달콤한 쿠키와 함께 문에 걸려 있었다.

나는 아랫집에 너무 미안했다. 심심할 때마다 동생이랑 술래잡기를 하며 *쿵쿵 뛰던 내 모습이 떠올랐기 때문이다. 밤에도 아무 생각 없이 뛰어다니고는 했는데……. 앞으로는 꼭 조심해야겠다고 마음먹었다.

그래서 나는 엄마와 함께 *부랴부랴 편지를 썼다. 편지에는 "그동안 너무 죄송했어요. 앞으로 조심할게요. 그리고 쿠키를 주셔서 감사합니다."라고 적었다. 편지는 맛있는 ㉠사과와 함께 종이봉투에 넣어서 아랫집 문손잡이에 살짝 걸어 두었다. ㉡내 마음이 잘 전해지면 좋겠다.

어떻게 읽을까?
글쓴이가 겪은 일과 그 일에 대해 어떤 마음이 들었는지 살펴보며 읽어 봐.

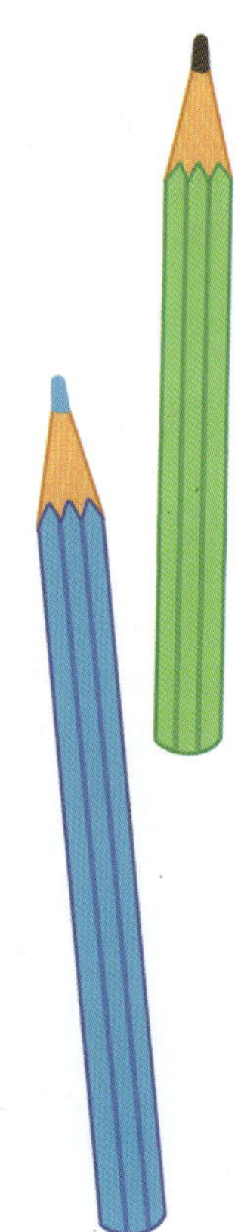

* **쿵쿵**: 크고 단단한 물건이 바닥이나 벽에 부딪히는 소리.
* **부랴부랴**: 몹시 급하게 서두르는 모양.

1 글쓴이가 겪은 일이 <u>아닌</u> 것은 무엇인가요? (   )

① 엄마와 함께 편지를 썼다.

② 민준이와 헤어지게 되었다.

③ 아랫집으로부터 편지를 받았다.

④ 윗집에서 나는 소리 때문에 힘들었다.

⑤ 종이봉투에 편지와 사과를 넣어 아랫집 문손잡이에 걸어 두었다.

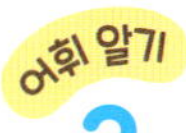

2 글쓴이가 쓴 편지에 대해 알맞게 말한 친구의 이름을 쓰세요.

> 주은: 앞으로 조심하겠다는 글쓴이의 마음이 잘 나타나 있어.
> 찬영: 밤에도 아무 생각 없이 뛰어다닌 일을 사과하지 않았어.

(   )

3 ㉠과 같은 뜻으로 쓰인 낱말에 ○표 하세요.

나는 어제 친구를 놀렸던 일을 <u>사과</u>했다.

나는 여러 과일 중에 <u>사과</u>를 가장 좋아한다.

(1) (   )   (2) (   )

4 ㉡의 마음으로 가장 알맞은 것은 무엇인가요? (   )

① 슬픈 마음   ② 미안한 마음   ③ 즐거운 마음

④ 황당한 마음   ⑤ 자랑스러운 마음

[5~6] 다음을 읽고 물음에 답하세요.

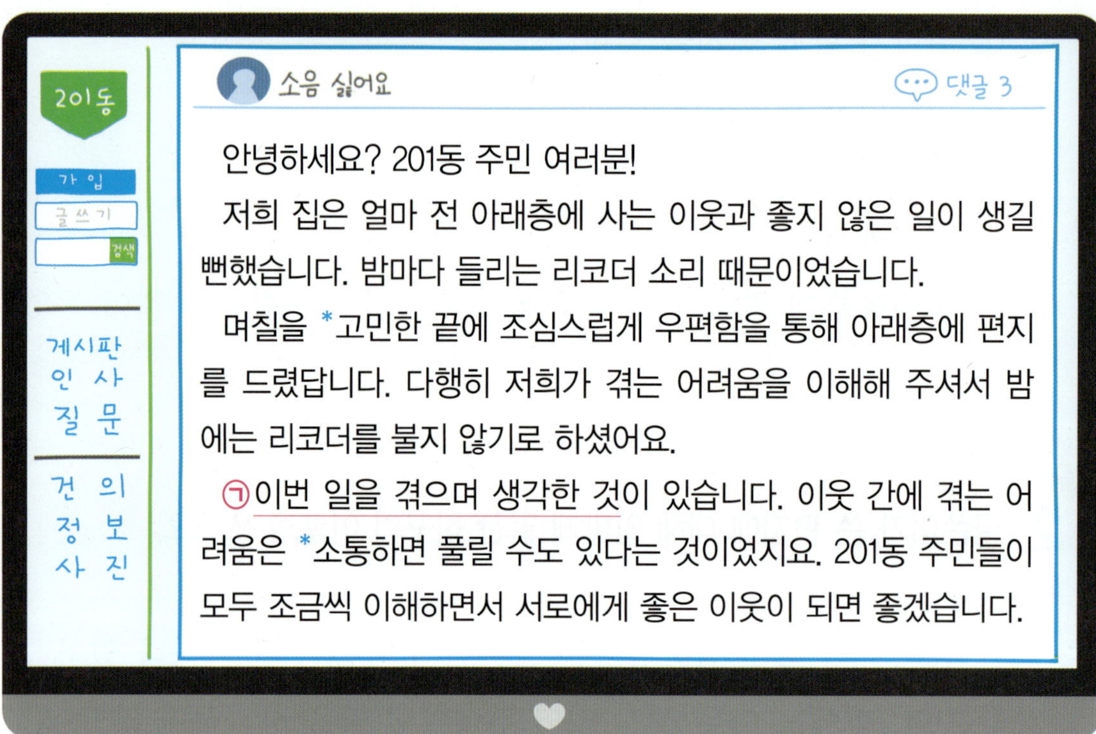

＊ **고민한**: 마음속으로 괴로워하고 속을 태운.
＊ **소통하면**: 오해가 없도록 뜻이나 생각이 서로 통하면.

5 이 글에서 글쓴이가 겪은 일은 무엇인가요? (　)

① 201동의 대표가 되었다.　　② 리코더 연습을 시작했다.

③ 층간 소음 때문에 힘들었다.　　④ 다른 이웃에게 편지를 받았다.

⑤ 우편함에 든 물건을 잃어버렸다.

6 ㉠의 내용으로 알맞은 것에 ○표 하세요.

층간 소음은 나만의 문제이다.	이웃이 시끄러워도 참아야 한다.	이웃 간의 어려움은 소통하면 풀릴 수도 있다.
(1) (　　)	(2) (　　)	(3) (　　)

1 첫소리를 참고해 다음 뜻에 알맞은 낱말을 빈칸에 쓰세요.

(1)

ㅂ ㄹ ㅂ ㄹ

몹시 급하게
서두르는 모양.

☐ ☐ ☐ ☐

(2)

ㄱ ㅁ

마음속으로 괴로워하고
속을 태움.

☐ ☐

(3)

ㅋ ㅋ

크고 단단한 물건이
바닥이나 벽에
부딪히는 소리.

☐ ☐

2 밑줄 친 낱말과 바꾸어 쓸 수 있는 낱말에 색칠하세요.

나는 엄마와 함께 편지를 <u>썼다.</u>

받았다   넣었다   적었다

 오늘 학습은 어땠나요? ✔해 보세요.   쉬움 ☐   보통 ☐   어려움 ☐

지진에는 이렇게!

지진이란 *화산 활동이나 땅속의 큰 변화 때문에 땅이 흔들리는 것을 말해요. 지진이 일어나면 많은 사람들이 피해를 입을 수 있어요. 그렇다면 지진이 일어나면 어떻게 해야 할까요?

지진으로 땅이 흔들릴 때 건물 안에 있다면, 튼튼한 탁자나 책상 아래로 들어가 몸을 보호해야 해요. 책이나 그릇 등이 떨어져 머리를 다칠 수 있기 때문이에요. 그리고 흔들림이 멈춘 후에는 전깃불과 가스를 끄고, 건물 밖으로 나가요.

지진이 일어났을 때 밖에 있다면, 건물과 담장에서 최대한 멀리 떨어져 운동장이나 공원처럼 넓은 곳으로 *대피해요. 이때 가방이나 손으로 머리를 보호해요.

그리고 건물 안에서 밖으로 나가야 할 때는 꼭 계단을 이용해야 해요. 지진으로 엘리베이터가 멈출 수 있거든요. 만약 엘리베이터를 타고 있다면 모든 층의 버튼을 눌러서, 가장 먼저 열리는 층으로 *신속히 내린 다음 계단을 이용해 대피해요.

땅이 흔들리고 건물이 무너지는 지진, 올바른 대피 방법을 안다면 　　⊙　　 자신을 지킬 수 있어요.

* **화산 활동**: 땅 속에 녹아 있던 암석이 땅거죽 가까이에서 일으키는 여러 가지 작용.
* **대피해요**: 위험한 일이 생겼을 때 안전한 곳으로 몸을 피해요.
* **신속히**: 아주 빠르게.

1 이 글에서 설명하는 내용이 무엇인지 ○표 하세요.

지진과 화산은 어떻게 다를까?

지진이 나면 어떻게 해야 할까?

지진이 일어나는 까닭은 무엇일까?

(1) (   )   (2) (   )   (3) (   )

2 다음 상황에서 지진이 일어났을 때 해야 할 행동을 알맞게 선으로 이으세요.

(1) 건물 안

(2) 건물 밖

(3) 엘리베이터 안

㉮ 넓은 운동장이나 공원 등으로 대피해요.

㉯ 신속히 내려서 계단을 이용해 대피해요.

㉰ 탁자나 책상 아래로 들어가 몸을 보호해요.

3 이와 같은 글을 쓰는 방법을 알맞게 말한 친구의 이름을 쓰세요.

재석: 글쓴이가 겪은 일을 자세하고 실감 나게 쓴다.
하영: 설명하는 내용을 정확하고 이해하기 쉽게 쓴다.

(   )

4 ㉠에 들어갈 알맞은 낱말에 ○표 하세요.

단순하게   안전하게   풍부하게

[5~6] 다음을 읽고 물음에 답하세요.

> 안녕하세요? △△△ 뉴스입니다.
>
> 2017년 11월 15일 경북 포항시 북쪽 지점에서 *규모 5.4의 지진이 *발생했습니다. 이 지진으로 약 100명의 사람들이 ㉠<u>닫혔으며</u>, 800억 원이 넘는 재산 피해를 입었습니다. 또한, 교육부는 이번 포항 지진으로 11월 16일에 치러질 *대학수학능력시험이 정상적으로 이루어지기 어렵다고 판단해, 일주일 뒤인 11월 23일로 *연기했습니다.

＊ **규모**: 사물의 크기나 짜임새. 또는 일의 테두리.
＊ **발생했습니다**: 일이나 사건이 생겼습니다.
＊ **대학수학능력시험**: 대학에서 공부하기 알맞은 사람을 뽑기 위하여 교육부에서 해마다 실시하는 시험.
＊ **연기했습니다**: 정해진 때를 뒤로 미루었습니다.

내용 이해

5 이 뉴스의 내용으로 알맞은 것은 무엇인가요? (   )

① 포항은 지진이 자주 발생한다.
② 다행히 지진으로 인한 피해는 없었다.
③ 11월 16일에 대학수학능력 시험이 치러진다.
④ 포항 지진으로 대학수학능력시험이 미뤄졌다.
⑤ 포항에서 일어난 지진은 규모 5.4로 재산 피해가 없었다.

어휘 알기

6 ㉠을 바르게 고친 것에 ○표 하세요.

닦았으며	다쳤으며	닿았으며
(1) ( )	(2) ( )	(3) ( )

1 다음 뜻에 알맞은 낱말을 글자판에서 찾아 줄로 묶으세요. (가로, 세로, 대각선에 있어요.)

음	강	대	피
규	호	생	정
모	발	유	독
수	신	연	기

⑴ 일이나 사물이 생기는 것. 예 산불이 ○○했어요.

⑵ 정해진 때를 뒤로 미루는 것. 예 날씨 때문에 운동회를 ○○한다고 해요.

⑶ 사물의 크기나 짜임새. 또는 일의 테두리. 예 그 건물은 ○○가 어마어마하다.

⑷ 위험한 일이 생겼을 때 안전한 곳으로 몸을 피하는 것. 예 지진이 나면 안전한 곳으로 ○○해요.

2 다음 그림에 알맞은 낱말을 선으로 이으세요.

⑴

㉮ 폭설

⑵

㉯ 지진

⑶

㉰ 홍수

독서 감상문 글에서 재미나 감동을 주는 부분 찾기

닮고 싶은 바보 의사

도서관에서 책을 고르던 나는 우연히 『바보 의사 장기려』라는 책을 보게 되었어요. '바보'라는 제목에 이끌렸고, 왜 바보 의사라고 했는지 궁금해서 책을 읽기 시작했지요.

책 속에 나오는 장기려 박사는 어릴 적부터 의사의 꿈을 키운 사람이었어요. 의사가 되어서는 누구보다 아픈 사람들을 정성껏 *치료했지요. 장기려 박사에게는 돈이 있거나 없거나 아픈 사람은 모두 똑같은 환자일 뿐이었어요. 그는 돈이 없고 가난한 사람들을 치료해 주고 나서 치료비를 받지 않거나 ㉠*종종 자신이 대신 내주기도 했어요. 그래서 돈을 제대로 벌지 못했어요. 사람들은 이런 그를 뒤에서 '바보'라고 *수군거리기도 했답니다.

저도 처음에는 장기려 박사가 좀 답답했어요. 치료비도 제대로 못 받고 자꾸 *손해만 보는 것 같아서요. 하지만 그가 "생명은 누구에게나 똑같이 소중합니다."라고 말한 부분을 읽으면서 그가 정말 *훌륭한 의사라고 생각했어요. 책을 다 읽은 후에는 장기려 박사가 바보 의사가 아니라, 정말 누구에게나 존경받을 만한 의사라고 생각했지요.

글쓴이가 책을 읽고 난 뒤에 들었던 생각이나 느낌을 어떻게 나타냈는지 찾으며 읽어 봐.

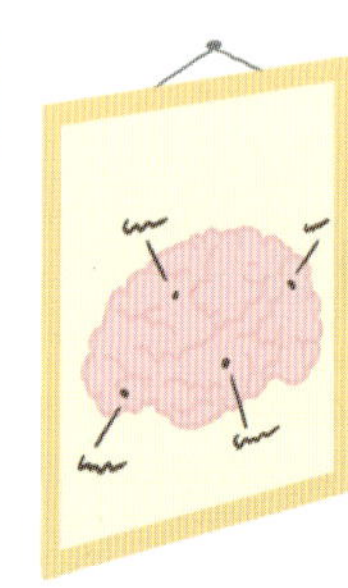

* **치료했지요**: 병이나 상처 등을 낫게 했지요.
* **종종**: 가끔. 때때로.
* **수군거리기도**: 남이 알아듣지 못하게 낮은 목소리로 자꾸 이야기하기도.
* **손해**: 돈, 재산 등을 잃거나 정신적으로 해를 입음.
* **훌륭한**: 어떤 사람의 말이나 행동이 좋고 뛰어나서 우러를 만한.

1 이와 같은 글에 들어갈 내용을 <u>두 개</u> 골라 ○표 하세요.

(1) 책의 내용   (   )   (2) 책의 가격   (   )

(3) 책을 만든 곳 (   )   (4) 책을 읽게 된 까닭 (   )

2 '장기려 박사'에 대한 설명으로 옳지 <u>않은</u> 것은 무엇인가요? (   )

① 어릴 적부터 꿈이 의사였다.

② 치료비를 받지 않을 때도 있었다.

③ 돈을 많이 벌어서 부자가 되었다.

④ 아픈 사람을 차별하지 않고 치료했다.

⑤ 사람들에게 '바보'라는 소리를 듣기도 하였다.

3 ㉠과 바꾸어 쓸 수 있는 낱말을 찾아 ○표 하세요.

아직	항상	가끔

4 책을 읽고 난 뒤에 들었던 글쓴이의 생각이나 느낌을 찾아 기호를 쓰세요.

㉮ 처음부터 끝까지 장기려 박사가 답답했다.

㉯ 나도 장기려 박사가 바보 의사라고 생각했다.

㉰ 장기려 박사는 누구에게나 존경받을 만한 의사이다.

(   )

[5~6] 다음을 읽고 물음에 답하세요.

> 엄마와 함께 서점에서 『닐스의 모험』이라는 책을 샀다. *표지 속 거위를 타고 하늘을 나는 소년의 모습이 마음에 들었기 때문이다.
> 책을 읽으며 처음에는 *심술궂은 닐스 때문에 화가 났다. 그래서 심술을 부린 탓에 *저주에 걸린 닐스가 난쟁이가 되었을 때는 조금 *고소하기도 했다. 하지만 닐스가 모험을 하며 반성하고 점점 착한 소년으로 변하는 모습은 무척 감동적이었다. ㉠특히 동물의 말을 알아듣는 닐스를 보니, 나도 닐스처럼 우리 집 고양이와 도란도란 이야기할 수 있으면 좋겠다는 생각이 들었다.

＊**표지**: 책의 맨 앞뒤의 겉장.
＊**심술궂은**: 남이 잘못되기를 바라는 마음이 아주 많은.
＊**저주**: 남에게 나쁜 일이 일어나도록 빌고 바람.
＊**고소하기도**: 미운 사람이 나쁜 일을 당해서 속이 시원하고 재미있기도.

내용 이해

5 글쓴이가 이 책을 읽게 된 까닭에 ○표 하세요.

표지가 마음에 들어서	평소에 읽고 싶었던 책이라서	엄마가 재미있다고 권해 주셔서
(1) ( )	(2) ( )	(3) ( )

추론하기

6 ㉠에 나타난 글쓴이의 마음으로 알맞은 것은 무엇인가요? ( )

① 화난 마음 ② 기쁜 마음 ③ 무서운 마음
④ 부러운 마음 ⑤ 고소한 마음

1 낱말에 이어진 길을 따라가면서 낱말 뜻을 찾으세요.

오늘 학습은 어땠나요? ✔해 보세요.　　쉬움 ☐　　보통 ☐　　어려움 ☐

라푼젤

높은 탑에 *갇힌 라푼젤은 창밖을 보고 또 바라보았어요. 늘 똑같은 하루에, 이야기를 나눌 친구도 없었거든요.

㉠"휴, 너무 외롭고 쓸쓸해."

그런데 이런 라푼젤의 모습을 우연히 지나가던 왕자가 보게 되었어요.

㉡"아니, 저 아름다운 아가씨는……."

첫눈에 라푼젤에게 마음을 빼앗긴 왕자는 라푼젤을 만나러 가고 싶었어요. 하지만 탑에 올라갈 수 있는 방법이 없었지요. 아무리 찾아봐도 탑에는 입구도 출구도 없었거든요.

*낙심한 왕자가 나무 그늘에서 잠깐 쉬고 있을 때였어요. 누군가 다가오는 소리가 들렸지요. 바로 *음흉하게 웃고 있는 *마녀였어요. 마녀는 큰 소리로 말했어요.

㉢"라푼젤, 머리카락을 내려 다오."

그러자 놀랍게도 길고 *탐스러운 머리카락이 탑에서 내려왔어요. 마녀는 라푼젤의 긴 ㉣머리를 잡고 탑에 올라갔지요.

㉤'아하, 저렇게 올라가는 거구나.'

왕자는 속으로 소리를 질렀어요.

그림 형제, 「라푼젤」

* **갇힌**: 어떤 곳에서 마음대로 나가지 못하게 된.
* **낙심한**: 바라던 일이 마음대로 되지 않아 속상한.
* **음흉하게**: 속마음이 엉큼하고 고약하게.
* **마녀**: 마술을 써서 사람에게 해를 끼친다는 여자.
* **탐스러운**: 마음이 끌릴 만큼 아주 보기 좋은.

1 ㉠~㉢은 각각 누가 한 말인지 골라 색칠하세요.

(1) ㉠ :

| 왕자 | 마녀 | 라푼젤 |

(2) ㉡ :

| 왕자 | 마녀 | 라푼젤 |

(3) ㉢ :

| 왕자 | 마녀 | 라푼젤 |

2 ㉠을 실감 나게 읽을 때 알맞은 목소리는 무엇인가요? (   )

① 큰 목소리   ② 기쁜 목소리   ③ 화난 목소리

④ 힘없는 목소리   ⑤ 부끄러운 목소리

3 ㉣과 같은 뜻으로 쓰인 낱말을 찾아 기호를 쓰세요.

> ㉮ 동생은 머리가 좋다.
>
> ㉯ 미용실에서 머리를 짧게 잘랐다.
>
> ㉰ 답을 잘 몰라서 머리를 긁적였다.

(   )

4 ㉤에서 상상할 수 있는 왕자의 모습을 그린 그림에 ○표 하세요.

(1) 

(2) 

당나귀, 개, 고양이, 닭은 도둑들이 머무는 집을 발견했어요.

"이히힝! 이 집을 우리가 *차지하면 좋을 텐데."

"멍멍! 나쁜 짓을 하는 도둑들을 어떻게 몰아내지?"

"야옹! 내게 좋은 생각이 있어."

고양이는 친구들에게 자기 생각을 말했어요.

㉠"오! 그거 좋은데?"

동물들은 신이 나서 외쳤지요.

도둑들 때문에 겁이 났지만, 친구들이 있어 용기가 생겼어요.

그림 형제, 「브레멘 음악대」

* **차지하면**: 어떤 것을 가지면.

내용 이해

5 이 글에서 알 수 있는 내용을 <u>두 개</u> 고르세요. (,   )

① 동물들은 음악을 좋아한다.

② 동물들은 서로 사이가 좋지 않다.

③ 동물들은 도둑들을 몰아내기로 했다.

④ 동물들은 귀신이 사는 집에 살게 되었다.

⑤ 나오는 인물은 당나귀, 개, 고양이, 닭이다.

추론하기

6 ㉠에 어울리는 표정이나 목소리, 말투로 알맞은 것에 ○표 하세요.

(1) 놀라고 당황한 표정　　　　　　　(　　　)

(2) 기쁜 표정과 들뜬 말투　　　　　　(　　　)

(3) 느릿한 말투와 실망스러운 목소리 (　　　)

1 낱말과 그 뜻으로 알맞은 것끼리 선으로 이으세요.

(1) 음흉하다 ●   ● ㉮ 외롭고 허전하다.

(2) 탐스럽다 ●   ● ㉯ 속마음이 엉큼하고 고약하다.

(3) 쓸쓸하다 ●   ● ㉰ 마음이 끌릴 만큼 아주 보기 좋다.

(4) 낙심하다 ●   ● ㉱ 바라던 일이 마음대로 되지 않아 속상하다.

2 다음 낱말과 반대되는 뜻을 가진 낱말을 보기 에서 찾아 쓰세요.

보기   손   낮   여름   출구

(1) 입구 ⟷ (   )

(2) (   ) ⟷ 발

(3) 밤 ⟷ (   )

(4) (   ) ⟷ 겨울

플라스틱 쓰레기, 이제 그만!

우리는 일상생활에서 *플라스틱을 많이 사용하고 있어요. 아침에 마신 생수병, 머리 감을 때 ㉠쓴 샴푸 통 등이 모두 플라스틱이지요. 하지만 이제는 플라스틱 사용을 줄여서 쓰레기를 줄여야 해요. 그 까닭은 무엇일까요?

첫째, 플라스틱은 잘 썩지 않아요. ㉡플라스틱이 자연으로 돌아가려면 무려 500년이나 걸린대요. 잠깐 사용한 플라스틱이지만 잘 썩지 않아 오랫동안 쓰레기로 쌓여 있게 되지요.

㉢둘째, 플라스틱은 종류가 다양해서 *재활용이 쉽지 않아요. 예를 들어 즉석 밥 용기나 게임기, 칫솔이나 볼펜처럼 여러 가지 *재질이 섞인 플라스틱 제품은 분리가 어려워 재활용이 힘들지요.

㉣셋째, 버려진 플라스틱 쓰레기가 인간과 동물을 위험하게 해요. 바다 생물들은 강과 바다로 흘러 들어간 플라스틱 쓰레기를 먹이로 *착각하는 경우가 많아요. 이런 쓰레기를 먹은 바다 생물들은 죽기도 하고, *먹이 사슬을 통해 우리 밥상에도 오르지요.

㉤그러므로 플라스틱 사용을 줄여 플라스틱 쓰레기를 줄여 나가야 해요. 플라스틱 쓰레기를 줄이는 일은 지구는 물론 우리 모두를 위한 일이에요.

* **플라스틱**: 열이나 압력을 가해 쉽게 모양을 만들 수 있는 물질.
* **재활용**: 다 쓰거나 못 쓰게 된 물건을 다시 쓰는 것.
* **재질**: 재료가 가지는 성질.
* **착각하는**: 어떤 사물이나 사실을 실제와 다르게 알거나 생각하는.
* **먹이 사슬**: 생물끼리 서로 먹고 먹히는 관계가 사슬처럼 이어지는 것.

1 ㉠과 같은 뜻으로 쓰인 낱말은 무엇인가요? (   )

① 매우 쓴 약   ② 모자를 쓴 동생   ③ 우산을 쓴 친구

④ 붓글씨로 쓴 이름   ⑤ 세수할 때 쓴 비누

2 플라스틱 쓰레기를 줄여야 하는 까닭이 <u>아닌</u> 것에 ○표 하세요.

잘 썩지 않아 오랫동안 쓰레기로 쌓여 있어서	다양한 모양을 만들 수 있고 가볍고 튼튼해서	버려진 플라스틱 쓰레기가 인간과 동물을 위험하게 해서
(1) ( )	(2) ( )	(3) ( )

3 ㉡~㉤ 중 이 글의 중심 생각이 나타난 문장을 찾아 기호를 쓰세요.

(   )

4 글쓴이와 비슷한 생각을 말한 친구의 이름을 쓰세요.

> 서현: 나는 환경을 위해 샴푸를 아껴 쓸 거야.
>
> 시우: 우리 집 재활용 쓰레기는 내가 직접 버리러 갈 거야.
>
> 민서: 지금부터라도 되도록 일회용 빨대를 쓰지 않을 거야.

(   )

[5~6] 다음을 읽고 물음에 답하세요.

올바른 *분리배출 방법

재활용 가능한 쓰레기를 바르게 분리배출해 주세요.

종이류

• *골판지 상자는 테이프 등을 없애고 접어서 내놓아요.
• 신문과 책에서 종이가 아닌 것은 빼고 내놓아요.

플라스틱류

• 음식물과 물기를 없애고 내놓아요.
• *페트병은 내용물을 비우고 *라벨을 없앤 다음 찌그러뜨려 내놓아요.

유리병과 캔류

• 내용물을 깨끗하게 비우고 물로 헹구어 내놓아요.
• 유리병은 라벨을 떼고 내놓아요.

＊ **분리배출**: 쓰레기 등을 종류별로 나누어서 버림.
＊ **골판지**: 판지의 한쪽 또는 두 장의 판지 사이에 물결 모양의 종이를 붙인 판지.
＊ **페트병**: 음료를 담는 일회용병.
＊ **라벨**: 종이나 천에 상표 등을 인쇄하여 붙여 놓은 조각.

5 재활용 쓰레기를 버리는 방법으로 알맞지 <u>않은</u> 것은 무엇인가요? (   )

① 골판지 상자는 접어서 버린다.
② 유리병의 라벨을 떼고 버린다.
③ 책은 종이가 아닌 부분을 없애고 버린다.
④ 플라스틱은 음식물을 깨끗이 없애고 버린다.
⑤ 더러운 내용물이 든 캔은 찌그러뜨려 버린다.

6 빈칸에 알맞은 낱말을 넣어 글쓴이가 하고 싶은 말을 완성하세요.

재활용 가능한 쓰레기를 바르게 ☐☐☐☐ 해 주세요.

1 다음 그림에서 분리배출한 종류를 찾아 색칠하세요.

2 (   ) 안에 들어갈 알맞은 낱말을 보기 에서 찾아 쓰세요.

> 보기   재질   위험   착각   재활용

(1) 나는 시간을 (   )해 약속 시간에 늦었다.

(2) 이 책은 아주 (   )이 좋은 종이로 만들어졌다.

(3) 조각가는 쓰레기를 (   )해서 멋진 작품을 만들었다.

오늘 학습은 어땠나요? ☑해 보세요.   쉬움 ☐   보통 ☐   어려움 ☐

설날에는 왜 떡국을 먹을까?

우리나라의 대표 명절인 설날에는 빠질 수 없는 음식이 있어요. 바로 '떡국'이지요. 설날에는 왜 떡국을 끓여 먹을까요? 그것은 떡국에 여러 가지 의미가 담겨 있기 때문이에요.

먼저 떡국에는 깨끗하게 한 해를 시작하자는 의미가 담겨 있어요. 설날은 음력 1월 1일로, 한 해가 시작되는 날이에요. *보얀 국물에 하얀 떡이 듬뿍 담긴 떡국을 먹음으로써 깨끗한 몸과 마음으로 한 해를 시작하자는 뜻이랍니다.

그리고 떡국에는 오래오래 살라는 의미가 담겨 있어요. 떡국은 긴 *가래떡으로 만들어요. 이 가래떡처럼 길게 오래오래 살라는 소망을 담고 있지요.

마지막으로 떡국에는 *풍족해지길 바라는 마음이 담겨 있어요. 떡국을 끓일 때 가래떡을 동그랗게 자르는데, 이 ㉠ 이 마치 옛날 돈인 *엽전을 닮았지요. 그래서 엽전을 닮은 떡을 먹으면서 재물이 많아지기를 바랐어요.

이렇게 따뜻한 떡국 한 그릇에는 한 해를 별 *탈 없이 잘 지내고 복을 바라는 마음이 들어 있답니다.

* **보얀**: 빛깔이 보기 좋게 하얀.
* **가래떡**: 가는 원통형으로 길게 뽑아 일정한 길이로 자른 흰떡.
* **풍족해지길**: 매우 넉넉하여 부족함이 없기를.
* **엽전**: 예전에 사용하던, 놋쇠로 만든 돈. 둥글고 납작하며 가운데에 네모진 구멍이 있음.
* **탈**: 뜻밖에 일어난 걱정할 만한 사고.

1 이 글의 내용을 알맞게 말한 친구에게 ○표 하세요.

(1) 설날에는 어른들께 세배하고, 설빔을 차려입었어요.

(2) 설날에 떡국을 먹는 데에는 여러 가지 의미가 있어요.

(3) 설날에는 떡국, 추석에는 송편, 동짓날에는 팥죽을 먹었어요.

2 떡국에 담긴 의미가 <u>아닌</u> 것에 ○표 하세요.

오래오래 살라는 소망	공부를 잘하라는 의미	살림이 풍족해지기를 바라는 마음
(1) ( )	(2) ( )	(3) ( )

3 ㉠에 들어갈 알맞은 낱말은 무엇인가요? (   )

① 맛   ② 냄새   ③ 모양   ④ 색깔   ⑤ 가격

4 다음은 이 글의 내용을 간추린 것이에요. 빈칸에 들어갈 알맞은 낱말을 쓰세요.

☐☐ 에 떡국을 먹는 까닭은 떡국에 여러 가지 의미가 담겨 있기 때문이다. 떡국에는 깨끗한 몸과 마음으로 한 해를 ☐☐ 하고, 오래오래 살고, 풍족해지길 바라는 마음이 담겨 있다.

꽃처럼 예쁜 떡, 화전

*화전은 꽃을 얹어서 만든 떡이에요. *찹쌀가루 반죽을 둥글게 빚어서 그 위에 꽃을 놓고 기름에 *지져 내지요. 꽃을 넣어 만들기에 화전은 다른 떡과 다른 특징이 있어요.

먼저, 화전은 색깔이 아주 예뻐요. 화전은 둥글고 납작한 모양이지만 꽃으로 보기 좋게 꾸며서 만들기 때문에 알록달록한 색깔이 화려하지요.

그리고 화전을 먹으면 다양한 계절을 느낄 수 있어요. 봄에는 진달래, 여름에는 장미, 가을에는 국화 화전을 만들어요. 그래서 계절마다 다른 색깔과 맛을 만날 수 있지요.

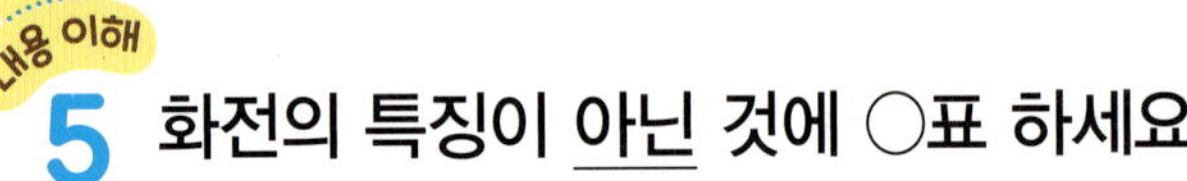

* **화전**: 찹쌀가루를 반죽하여 꽃잎이나 대추를 붙여서 기름에 지진 떡.
* **찹쌀가루**: 찹쌀을 곱게 부수거나 간 것.
* **지져 내지요**: 불에 달군 판에 기름을 바르고 전 등을 부쳐 익혀 내지요.

내용 이해

5 화전의 특징이 <u>아닌</u> 것에 ○표 하세요.

알록달록 색깔이 예쁘다.	오늘날에는 먹지 않는다.	다양한 계절을 느낄 수 있다.
(1) ( )	(2) ( )	(3) ( )

내용 이해

6 장미 꽃잎으로 만든 화전은 어느 계절에 먹을 수 있는지 글에서 찾아 쓰세요.

( )

1 다음 만화에서 ( ) 안에 들어갈 알맞은 표현에 색칠하세요.

양손의 떡

그림의 떡

누워서 떡 먹기

떡 본 김에 제사 지낸다

오늘 학습은 어땠나요? ✔해 보세요.   쉬움 ☐   보통 ☐   어려움 ☐

기행문 겪은 일을 차례대로 정리하기

［ ㉠ ］를 찾아서

겨울 방학을 이용해 우리 가족은 제주도를 찾았어요. 제주도 공항에 도착한 우리는 차를 타고 *숙소로 이동했지요.

숙소는 바닷가에 있는 제주도 전통 집이었는데, 까만 돌담과 촘촘히 줄로 묶인 지붕이 눈에 띄었어요.

"돌담의 까만 돌이 너무 예뻐요."

신기해하는 나에게 아빠는 제주도에는 *현무암이라고 부르는 까만 돌이 많다고 하셨어요. 현무암은 화산 활동으로 만들어진 돌이라는 것도 알려 주셨지요.

우리 가족은 숙소 근처에 있는 '성산 일출봉'에 가 보기로 했어요. ㉡바다 사이에 우뚝 솟은 커다란 바위가 마치 성처럼 보였어요.

㉢"멋지지? 이것도 화산 활동으로 생긴 *봉우리란다."

성산 일출봉 주변에도 현무암이 많이 보였어요.

성산 일출봉을 내려오니 여러 가지 제주도 기념품을 파는 가게가 있었어요. 가게에 들어간 나는 현무암으로 만든 *돌하르방에 푹 빠지고 말았지요. ㉣이렇게 멋진 성산 일출봉과 돌하르방이 있는 제주도에 또 놀러 오면 좋겠어요.

> **어떻게 읽을까?**
> 글쓴이가 본 것, 들은 것, 생각하거나 느낀 것을 찾으며 읽어 봐.

* **숙소**: 집을 떠난 사람이 임시로 묵는 곳.
* **현무암**: 땅거죽 가까이에서 용암이 빠르게 굳은 것.
* **봉우리**: 산에서 가장 높이 솟은 부분.
* **돌하르방**: '돌로 만든 할아버지'라는 뜻으로, 제주도에서 마을을 지켜 준다고 믿는 돌조각.

내용 이해

1 ㉠에 들어갈 알맞은 낱말을 글에서 찾아 쓰세요.

(   )

구조 알기

2 '나'가 겪은 일의 차례에 맞게 숫자를 쓰세요.

제주도 공항에 도착했다.	숙소 근처 성산 일출봉에 갔다.	까만 돌담과 촘촘히 줄로 묶인 지붕을 보았다.
⑴ ( )	⑵ ( )	⑶ ( )

내용 이해

3 ㉡~㉣을 글쓴이가 본 것, 들은 것, 생각하거나 느낀 것으로 나누어 기호를 쓰세요.

⑴ 본 것: (   )

⑵ 들은 것: (   )

⑶ 생각하거나 느낀 것: (   )

문제 해결

4 글쓴이와 비슷한 경험을 말한 친구에게 ○표 하세요.

바닷가 ☆☆ 음식점 최고예요!

작성자 bandi XX   조회 수 10,241

　이번 제주 여행은 아주 즐겁고 재미있었어요. 특히 우연히 들렀던 바닷가 ☆☆ 음식점은 정말 최고였지요. 신선한 채소와 *해산물이 잔뜩 들어간 해물탕은 정말 맛있었어요.

　그리고 우산을 깜빡하고 두고 왔는데, 음식점 사장님이 주차장까지 달려오셔서 우산을 챙겨 주셨지요. 덕분에 갑작스러운 소나기에도 걱정이 없었답니다. 제주 여행에서 좋은 기억을 만들어 준 바닷가 ☆☆ 음식점, 정말 최고예요.

＊ **해산물**: 바다에서 나는 동식물을 통틀어 이르는 말.

추론하기

5 글쓴이가 이 글을 쓴 까닭에 ○표 하세요.

⑴ 불만을 이야기하기 위해서　　　(　　　　)

⑵ 고마운 가게를 알리기 위해서　　(　　　　)

⑶ 제주도에 대해 설명하기 위해서　(　　　　)

구조 알기

6 글쓴이가 가장 <u>마지막에</u> 겪은 일을 찾아 기호를 쓰세요.

> ㉮ ☆☆ 음식점에 우산을 두고 나왔다.
> ㉯ ☆☆ 음식점 사장님이 우산을 챙겨 주셨다.
> ㉰ 제주도 바닷가의 ☆☆ 음식점에서 해물탕을 먹었다.

(　　　　　　)

1 낱말 뜻을 읽고, 알맞은 낱말을 찾아 정해진 색을 칠해 보세요.

(1) 산에서 가장 높이 솟은 부분. **분홍**

(2) 집을 떠난 사람이 임시로 묵는 곳. **파랑**

(3) 땅거죽 가까이에서 용암이 빠르게 굳은 것. **주황**

(4) 바다에서 나는 동식물을 통틀어 이르는 말. **초록**

2 빈칸에 들어갈 알맞은 받침을 보기 에서 찾아 쓰세요.

보기	ㄳ	ㅄ	ㄺ	ㄻ	ㄵ

(1) 생일 선물은 그렇게 걱정할 필요가 어다. (   )

(2) 제주도에는 구멍이 뚤린 까만 돌이 많았다. (   )

(3) 제주도 전통 집에서 촘촘히 줄로 무인 지붕을 보았다. (   )

동시 시를 읽고 장면 떠올리기

함께 쓰는 우산

박방희

친구와 나눠 쓴 우산

우산 밖
반은 비 ㉠맞고

우산 속
반은 안 맞고

비 안 맞은
반 때문에
더 따스해진
반 때문에

비 젖은 반도 따뜻하고
*시린 반도 *훈훈하고

* **시린**: 몸이 찬 기운으로 인해 추위를 느낄 정도로 찬.
* **훈훈하고**: 마음을 부드럽게 녹여 주는 따스함이 있고.

1 이 시의 내용으로 알맞지 <u>않은</u> 것은 무엇인가요? (   )

① 비가 내리고 있다.   ② 우산이 하나밖에 없다.

③ 비에 젖어서 화가 났다.   ④ 우산을 썼지만 반은 젖었다.

⑤ 친구와 우산을 나눠 쓰고 있다.

2 ㉠과 같은 뜻으로 쓰인 낱말을 골라 ○표 하세요.

풀이는 <u>맞고</u> 답은 틀렸다.	주사를 <u>맞고</u> 바로 집에 왔다.	오늘은 하얀 눈을 <u>맞고</u> 싶다.
(1) ( )	(2) ( )	(3) ( )

3 이 시를 읽고 떠올린 장면을 알맞게 말한 친구의 이름을 쓰세요.

> 호진: 사이좋은 친구의 모습이 떠올라.
>
> 은우: 말다툼을 했던 친구의 모습이 떠올라.

(   )

4 이 시의 분위기로 알맞은 것은 무엇인가요? (   )

① 새롭다.   ② 힘차다.   ③ 쓸쓸하다.

④ 따뜻하다.   ⑤ 재미있다.

[5~6] 다음을 읽고 물음에 답하세요.

배추흰나비

이준관

에구머니나!
나를 놀라게 한 / *징그러운 *배추벌레가

㉠어머나!
내 눈을 똥그랗게 한
배추흰나비가 되어 날아가네

색종이 접었다 폈다 하듯
꽃길 접었다 폈다 하며

* **징그러운**: 소름이 끼칠 만큼 흉한.
* **배추벌레**: 배추흰나비의 애벌레.

5 ㉠에 나타난 '나'의 마음은 무엇인가요? (   )

① 화난 마음　　　　② 슬픈 마음　　　　③ 놀라운 마음
④ 두려운 마음　　　　⑤ 안타까운 마음

6 이 시를 읽고 떠올릴 수 있는 장면에 ○표 하세요.

(1) (　　　　)　　　(2) (　　　　)　　　(3) (　　　　)

1 다음 뜻에 알맞은 낱말을 [보기]에서 찾아 사다리를 타고 내려가 빈칸에 쓰세요.

[보기]　　　시리다　　　　훈훈하다　　　　징그럽다

2 밑줄 친 낱말의 뜻이 같은 것끼리 선으로 이으세요.

⑴ 우산 밖 반은 비를 맞았다.　　　⑵ 우리 반 교실은 1층에 있다.

㉮ 우리 학년은 총 세 반이다.　　　㉯ 나는 과자 반을 나누어 주었다.

오늘 학습은 어땠나요? ✔해 보세요.　　쉬움 ☐　　보통 ☐　　어려움 ☐

마법의 사과

옛날 어느 성에 임금님과 공주님이 살았어요. 어느 날, 공주님이 갑자기 아프기 시작했어요. 하지만 아무도 병을 고치지 못했지요. 임금님은 공주의 병을 고쳐 주는 사람에게 공주와 결혼시키고 나라를 물려주겠다고 했답니다.

한편, 성에서 멀리 떨어진 시골에 삼 형제가 살고 있었어요. 삼 형제는 각자 신기한 물건을 가지고 있었지요. 첫째는 멀리 볼 수 있는 *망원경, 둘째는 빠르게 날 수 있는 마법 *양탄자, 셋째는 어떤 병이라도 낫게 하는 마법 사과가 있었어요.

하루는 첫째가 망원경을 보다가 공주가 아프다는 것을 알게 되었어요. 삼 형제는 둘째의 마법 양탄자를 타고 성으로 날아갔지요.

㉠"임금님, 제 사과를 공주님께 먹이면 병이 나을 거예요."

공주는 셋째의 사과 덕분에 ㉡병이 씻은 듯이 나았어요.

공주의 병이 낫자 임금님은 정말 기뻤어요. 하지만 임금님은 삼 형제 중 누구를 공주와 결혼시켜야 할지 고민에 빠졌지요. *한참을 생각하던 임금님이 말했어요.

"삼 형제 모두 공주의 병을 낫게 했노라. 하지만 첫째와 둘째는 자신의 물건이 그대로 있고 셋째의 마법 사과만 공주가 먹어서 없어졌구나. 자신의 것을 *희생한 셋째를 공주와 결혼시키고 이 나라를 물려주겠노라."

탈무드, 「마법의 사과」

* **망원경**: 멀리 있는 물체 등을 크고 정확하게 보도록 만든 장치.
* **양탄자**: 양털 등의 털을 겉에 보풀이 일게 짠 두꺼운 옷감.
* **한참**: 오랜 시간. 또는 시간이 꽤 지나는 동안.
* **희생한**: 다른 사람이나 어떤 목적을 위해 자신의 목숨 등을 바치거나 버린.

내용 이해

1 삼 형제가 가지고 있는 신기한 물건을 각각 선으로 이으세요.

(1) 첫째 •

(2) 둘째 •

(3) 셋째 •

⑦ 멀리 볼 수 있는 망원경

④ 병을 낫게 하는 마법 사과

④ 빠르게 날 수 있는 마법 양탄자

내용 이해

2 ㉠은 누가 한 말인지 글에서 찾아 쓰세요.

(   )

어휘 알기

3 ㉡의 뜻으로 알맞은 것을 골라 ○표 하세요.

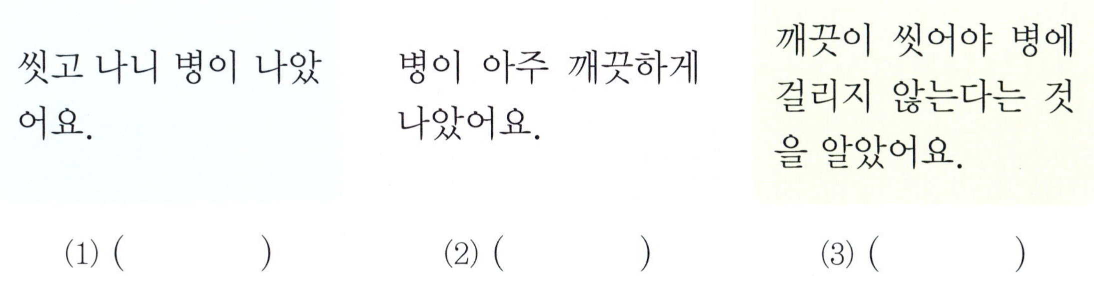

씻고 나니 병이 나았어요.

병이 아주 깨끗하게 나았어요.

깨끗이 씻어야 병에 걸리지 않는다는 것을 알았어요.

(1) (   )   (2) (   )   (3) (   )

문제 해결

4 나라면 누구에게 나라를 물려주었을지 그 까닭과 함께 쓰세요.

내가 임금님이라면

배고픈 여우

배고픈 여우가 주위를 두리번거리며 먹을 것을 찾고 있었어요.

"킁킁, 포도 냄새잖아."

㉠여우는 포도밭으로 달려갔어요. 하지만 *울타리 때문에 들어갈 수가 없었지요. 그때 울타리 아래에서 아주 작은 구멍을 발견했어요. *잔뜩 굶주린 여우는 그 구멍으로 들어가 포도를 실컷 먹었어요.

㉡그런데 여우는 포도밭을 나갈 수가 없었어요. 배가 너무 불러서 구멍에 몸이 끼고 말았거든요. 결국 여우는 다시 쫄쫄 굶고 나서야 구멍을 빠져나올 수 있었답니다.

이솝, 「배고픈 여우」

* 울타리: 풀이나 나무 등을 얽거나 엮어서 담 대신에 경계를 지어 막는 물건.
* 잔뜩: 더할 수 없이 심하게.

내용 이해

5 여우에게 일어난 일이 <u>아닌</u> 것에 ○표 하세요.

포도를 발견했다.	포도밭의 입구를 찾았다.	포도밭에서 포도를 실컷 먹었다.
(1) ( )	(2) ( )	(3) ( )

추론하기

6 ㉠과 ㉡의 까닭을 각각 선으로 이으세요.

(1) ㉠ •　　　• ㉮ 배가 불러 몸이 구멍에 끼어서

(2) ㉡ •　　　• ㉯ 먹을 것을 찾다 포도 냄새를 맡아서

1 빈칸에 들어갈 낱말을 골라 길을 찾으세요.

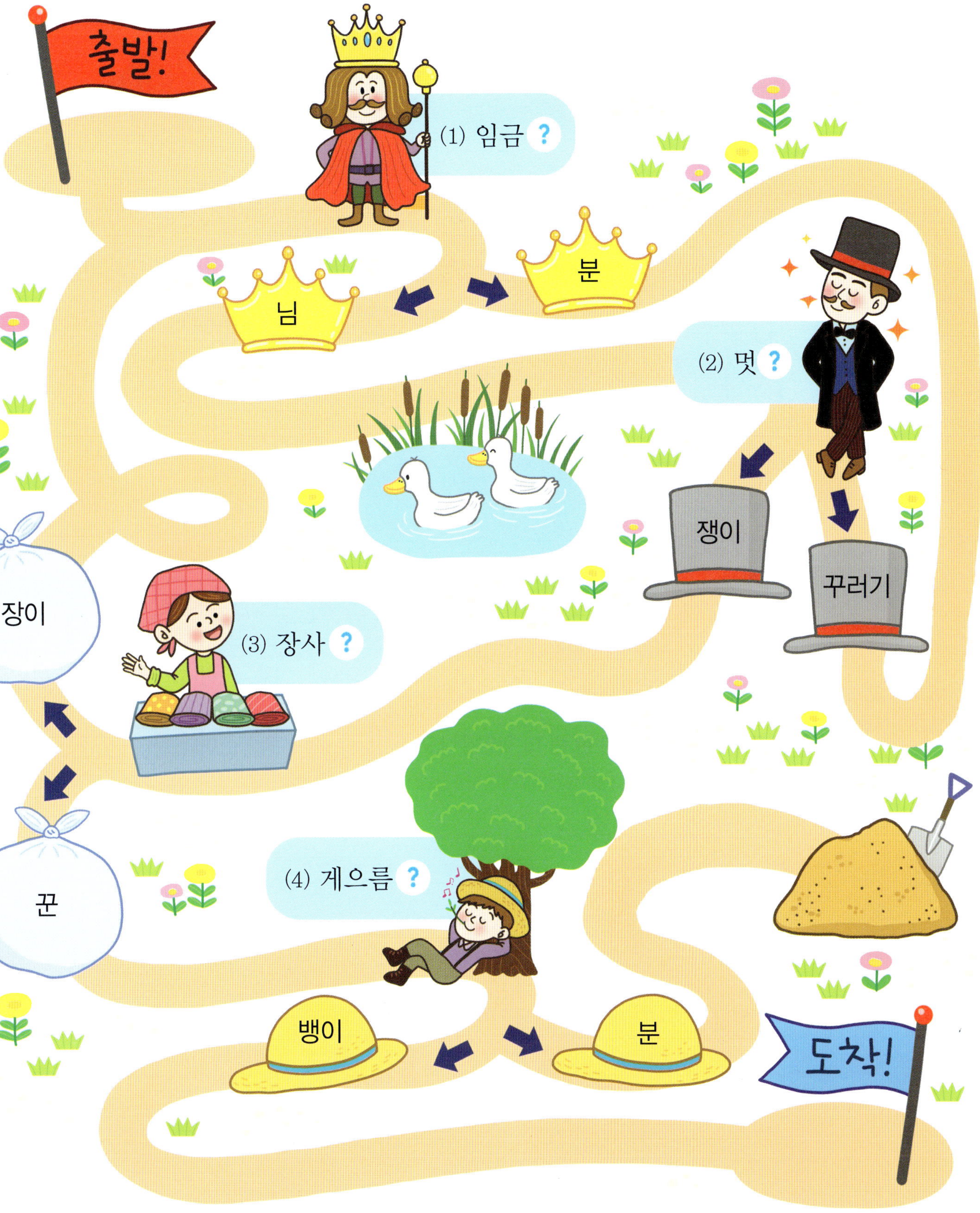

⟨대단한 독해⟩ 한 권 끝!

공부하느라 수고했어요. 어떻게 공부했는지
스스로 돌아보며 ✓표 해 보세요.

	예	아니요
한 회씩 꾸준히 공부했나요?		
스스로 공부했나요?		
문제를 끝까지 다 풀었나요?		
재미있게 공부했나요?		
틀린 문제는 왜 틀렸는지 한 번 더 확인했나요?		

| **1회** | 9~11쪽 |

1 (1) ○ (2) × (3) ○ **2** (1) 갔는지 (2) 거름
3 ④ **4** 마치고 **5** (1) ㉮ (2) ㉯ (3) ㉰

☆ **어휘력 팡팡** **1** 속담 **2** (1) 성 (2) 흉

---

1 이 글에는 '개들이 많아 길거리에서 개똥을 자주 볼 수 있었어요.'라는 내용이 있으므로 ⑵는 알맞지 않습니다.

2 '갖다'는 손에 쥐거나 몸에 지니다라는 뜻이므로, 다른 곳으로 이동했다는 뜻의 '갔다'로 고쳐야 합니다. 그리고 두 발을 번갈아 옮겨 놓은 동작을 뜻하는 '걸음'은 식물이 잘 자라도록 땅을 기름지게 만들려고 주는 물질인 '거름'으로 고칩니다.

3 "개똥도 약에 쓰려면 없다."는 속담에서 '개똥'은 주변에 있는 흔한 것이고, '약'은 필요하기 때문에 쓰려고 하는 것입니다.

4 '마치다'는 어떤 일이나 과정, 절차 등이 끝난다는 뜻입니다. 그리고 '맞히다'는 물체를 쏘거나 던져 닿게 하다라는 뜻입니다.

5 (1)~(3)의 속담 뜻은 이 글에 잘 나타나 있습니다. 각 속담의 뜻을 찾아 알맞게 선으로 잇습니다.

☆ **어휘력 팡팡**

1 '속담'은 옛날부터 전해 내려오는 교훈이 담긴 짧은 말을 말합니다. 속담에는 옛 사람의 지혜가 담겨 있습니다. 속담의 예로 "가재는 게 편" 등이 있습니다.

2 (1) 유진이가 동생에게 화를 냈다는 의미이므로, 빈칸에는 '성'이 알맞습니다. (2) 남의 단점을 들어 말하다는 의미이므로, 빈칸에는 '흉'이 알맞습니다.

| **2회** | 13~15쪽 |

1 ④ **2** (1) ㉰ (2) ㉮ (3) ㉯ **3** (순서대로) 전통, 케밥, 특징 **4** ⑤ **5** 2, 1, 4, 3

☆ **어휘력 팡팡** **1** (1) 반죽 (2) 전통 음식
(3) 특징 **2** (1) ㉯ (2) ㉮ (3) ㉰

---

1 이 글은 영국, 터키, 베트남의 전통 음식에 대해 설명하고 있습니다.

2 사방이 바다인 영국은 '피시앤칩스', 터키는 양과 함께 이리저리 옮겨 다니며 간편하게 먹을 수 있는 '케밥', 쌀이 많이 나는 베트남은 '쌀국수'를 즐겨 먹었습니다.

3 이 글의 중심 내용은 '세계 여러 나라에 다양한 전통 음식이 있고, 이를 통해 그 나라에 대해 알 수 있다.'는 것입니다.

4 이 글에는 요리 과정이 담겨 있습니다. 흰 살 생선, 밀가루, 감자, 기름 등의 낱말로 보아, 생선과 감자를 튀기는 요리를 만들 것임을 짐작할 수 있습니다.

5 그림에서 이 음식을 만드는 차례는 감자 썰어서 물에 담그기 → 흰 살 생선에 튀김 반죽 입히기 → 감자와 흰 살 생선을 기름에 튀기기 → 접시에 담기 순입니다.

☆ **어휘력 팡팡**

1 '반죽'은 가루에 물을 붓고 섞어 개어 놓은 것을 말하고, '특징'은 다른 것과 두드러지게 달라 눈에 띄는 점입니다.

2 (1) '끓이기'는 음식과 물을 함께 넣어서 끓이는 방법입니다. (2) '굽기'는 음식을 불로 바로 익히거나 철판 등의 열로 익히는 방법입니다. (3) '튀기기'는 끓는 기름에 재료를 넣어 익히는 방법입니다.

1 ③　**2** (3) ○　**3** 3, 2, 1　**4** (1) ○
5 읽었어요

⭐**어휘력 팡팡**　**1** (1) 태백산 (2) 기특하다
(3) 한반도 (4) 시조

1 이 글에서는 '동굴에서 참고 견딘 곰은 21
일 만에 여자로 변했다'고 했습니다.

2 앞의 내용과 뒤의 내용이 서로 다를 때 이
를 이어 주는 말은 '하지만', '그렇지만',
'그러나'가 알맞습니다.

3 이 글에서 일어난 일을 차례대로 정리합니
다. 환웅이 신하와 사람들을 데리고 태백
산에 내려온 일→곰과 호랑이가 사람이 되
고 싶어서 환웅을 찾아온 일→단군이 나라
를 세운 일 순입니다.

4 민서는 『단군 이야기』라는 책을 읽고, 단군
에 대해 알게 되었습니다. 그래서 우리나
라의 시조인 단군 할아버지께 감사한 마음
을 전하고 싶어서 편지를 썼습니다.

5 우리말에서 소리 나는 대로 쓰면 맞춤법에
맞지 않는 경우가 있습니다. ㉠은 '읽었어
요'를 소리 나는 대로 쓴 것입니다. 따라서
㉠을 '읽었어요'라고 바르게 써야 합니다.

⭐**어휘력 팡팡**

1 (1) 백두산의 옛날 이름은 '태백산'입니다.
(2) 말이나 하는 짓이 흐뭇하고 칭찬해 줄
만하다는 뜻의 낱말은 '기특하다'입니다.
(3) 우리나라 국토를 이루는 땅을 가리키는
말은 '한반도'입니다. (4) 겨레나 집안의 맨
처음이 된 조상을 가리키는 말은 '시조'입
니다.

1 ③　**2** 만약　**3** (2) ○　**4** (2) ○　**5** (2) ○
6 ②

⭐**어휘력 팡팡**　**1** (1) 통 표지 (2) 신호 (3) 행자
(4) 단보도　**2** (1) 핑계 (2) 반드시

1 글쓴이의 생각은 글의 제목에 잘 나타나
있습니다.

2 ㉠은 '혹시 있을지도 모르는 뜻밖의 경우'
를 말하므로 '만약'이라는 말을 씁니다.

3 글쓴이는 무단 횡단을 해서는 안 되며, 횡
단보도에서는 신호등을 잘 보고 건너야 한
다고 하였습니다. 왜냐하면 신호등은 길을
건너는 사람과 차의 약속이고, 신호를 잘
지키면 크고 작은 교통사고를 막을 수 있
기 때문입니다.

4 글쓴이는 무단 횡단을 하지 말라고 했습니
다. 따라서 글쓴이의 생각과 비슷하게 말
한 친구는 (2)입니다.

5 이 글에서 두 번째 표지판은 보행자가 지
나다닐 수 없는 곳이라는 뜻입니다.

6 이 글의 끝부분에 교통 표지판을 잘 살펴
서 도로를 안전하게 이용하자는 글쓴이의
생각이 잘 나타나 있습니다.

⭐**어휘력 팡팡**

1 그림을 잘 살펴보고, 그림이 뜻하는 낱말
을 빈칸에 씁니다.

2 (1) 현우가 어떤 일을 피하거나 감추려고
둘러대는 말이므로, '핑계'가 알맞습니다.
(2) 어떤 일이 있어도 틀림없이 꼭의 의미
이므로 '반드시'가 들어가야 합니다.

5회   25~27쪽

1 (1) ○ (2) × (3) ○   **2** ①, ②, ⑤   **3** 1, 3, 2
4 (1) ○   **5** (1) 2 (2) 3 (3) 1   **6** ④

☆ **어휘력 팡팡**   **1** (1) 접근하다 (2) 평평하다
(3) 출발선   **2** (1) 위 (2) 웃

1 놀이를 하는 중에 움직이다가 술래에게 들
키면 사람 수에 상관없이 모두 포로가 됩
니다.

2 일의 순서를 나타내는 말은 '첫째, 둘째,
셋째……' 또는 '먼저, 다음으로, 마지막으
로' 등이 있습니다.

3 주어진 그림에서 놀이의 순서는 가위바위
보로 술래 정하기 → 술래가 외치는 동안 다
가가기 → 술래가 움직인 사람을 잡아내 포
로 만들기 순입니다.

4 이 글은 '무궁화꽃이 피었습니다' 놀이 방
법을 차례대로 자세히 설명하고 있으므로
알맞게 말한 친구는 (1)입니다.

5 '젠가' 게임의 순서는 (3) 나무 블록 쌓기→
(1) 가위바위보로 블록 빼낼 순서 정하기→
(2) 순서에 따라 블록 빼기입니다.

6 ㉠에 들어갈 순서를 나타내는 낱말은 '첫
째, 둘째, 셋째'로 이어지는 것이 자연스럽
습니다.

☆ 어휘력 팡팡

1 낱말의 첫소리를 참고해 낱말 뜻에 맞게
씁니다.

2 (1) 이 층 또는 여러 층 가운데 위쪽의 층을
'위층'이라고 합니다. (2) 나이나 지위 등이
자기보다 높아 모시는 어른을 '웃어른'이라
고 합니다.

6회   29~31쪽

1 민준   **2** ③   **3** (3) ○   **4** ④   **5** (3) ○

☆ **어휘력 팡팡**   **1** (1) 오늘 (2) 월요일 (3) 사흘

1 이 시에서 글쓴이는 금요일, 토요일, 일요
일 사흘 동안 학교에 가지 않고 펑펑 놀기
만 하였다고 하였습니다.

2 시의 내용과 마지막 부분에 '누가 훔쳐 간
것처럼'이라는 말을 참고하여 알맞은 제목
을 찾습니다.

3 이 시의 글쓴이는 월요일 아침에 책가방을
챙기면서 헐렁해지는 기분이었습니다. 여
기에서 '뭔가 자꾸 헐렁해지는 기분'은 허
전하고 아쉬운 마음과 관련이 있습니다.
따라서 아쉬운 마음이 들었던 경험을 고릅
니다.

4 글쓴이는 엄마의 잔소리에 어쩔 수 없이
도서관에 갔지만, 휴관일이라 당황한 경험
을 시에 담았습니다.

5 (1)에는 '뻘뻘', '줄줄' 등이 들어가야 합니
다. (2)에는 '두근두근', '콩닥콩닥' 등이 어
울립니다. '투덜투덜'은 남이 알아듣기 어
려운 정도의 낮은 목소리로 불평을 자꾸
하는 모양을 가리키는 말입니다. 따라서
(3)에 알맞습니다.

☆ 어휘력 팡팡

1 우선 그림 속 낱말들을 잘 살펴보며 질문
의 답을 찾습니다. (1) '어제, 오늘, 내일'
중 지금 지나가고 있는 이 날은 '오늘'입니
다. (2) 일요일 다음에 오는 요일은 '월요일'
입니다. (3) 날을 셀 때에는 '하루, 이틀, 사
흘, 나흘, 닷새'와 같이 셉니다.

<table>
<tr><td>

7회 33~35쪽

1 ④　**2** 주은　**3** ⑵ ○　**4** ②　**5** ③
6 ⑶ ○

☆**어휘력 팡팡**　**1** ⑴ 부랴부랴 ⑵ 고민 ⑶ 쿵쿵
2 적었다

</td><td>

8회 37~39쪽

1 ⑵ ○　**2** ⑴ ㉰ ⑵ ㉮ ⑶ ㉯　**3** 하영
4 안전하게　**5** ④　**6** ⑵ ○

☆**어휘력 팡팡**　**1** ⑴ 발생 ⑵ 연기 ⑶ 규모
⑷ 대피　**2** ⑴ ㉯ ⑵ ㉮ ⑶ ㉰

</td></tr>
</table>

1 이 일기에는 글쓴이가 아랫집에 이사 온 가족과의 층간 소음 문제를 겪은 일이 잘 나타나 있으나 윗집의 소음 때문에 힘들었다는 내용은 찾아볼 수 없습니다.

2 '나'와 엄마가 편지를 쓴 이유는 그동안 죄송했다는 말과 앞으로 조심하겠다는 말을 전하고 싶어서입니다.

3 글에서 '사과'는 먹을 수 있는 과일을 뜻합니다. ⑴의 '사과'는 자기의 잘못을 인정하고 용서를 빈다는 뜻입니다.

4 글쓴이는 편지에 '그동안 너무 죄송했어요.'라고 썼습니다. 여기에서 아랫집에 미안한 마음을 알 수 있습니다.

5 글쓴이는 아래층 이웃과 좋지 않은 일이 생길 뻔했습니다. 밤마다 들리는 리코더 소리, 즉 층간 소음 때문이었습니다.

6 글쓴이는 이웃 간의 어려움은 소통하면 풀릴 수도 있다고 생각했습니다.

☆**어휘력 팡팡**

1 ⑶ '쿵쿵'은 크고 단단한 물건이 바닥이나 벽에 부딪히는 소리로 '꿍꿍'보다 거센 느낌을 줍니다.

2 주어진 문장에서 밑줄 친 '썼다'는 생각을 종이 등에 글로 나타낸다는 뜻이므로, '적었다'와 바꾸어 쓸 수 있습니다.

1 이 글은 지진이 일어났을 때 해야 할 행동들을 자세히 설명해 줍니다.

2 지진이 났을 때에 건물 안에 있다면, 탁자나 책상 밑으로 들어가 몸을 보호해야 합니다. 건물 밖에 있다면 운동장 같은 넓은 공간으로 대피해야 하고, 엘리베이터에 타고 있다면 내려서 계단을 이용합니다.

3 이 글은 설명문으로, 설명하는 내용을 정확하고 이해하기 쉽게 써야 합니다. 글쓴이가 겪은 일을 자세하고 실감 나게 쓰는 것은 생활문에 알맞은 방법입니다.

4 이 글에는 지진이 났을 때 올바른 대피 방법을 안다면 자신을 안전하게 지킬 수 있다는 내용이 담겨 있습니다.

5 이 뉴스로 보아 포항에 지진이 나서 대학수학능력시험이 미뤄졌습니다.

6 '닫히다'는 열린 문짝, 뚜껑, 서랍 등이 도로 제자리로 가 막히다는 뜻입니다. ㉠은 부딪치거나 맞거나 넘어져서 상처를 입다라는 뜻의 '다치다'로 고쳐야 합니다.

☆**어휘력 팡팡**

1 글자판에서 낱말을 찾을 때에는 가로와 세로는 물론 대각선도 잘 살펴봅니다.

2 ⑴은 지진, ⑵는 폭설, ⑶은 홍수를 나타낸 그림입니다.

9회   41~43쪽

1 (1) ○ (4) ○   **2** ③   **3** 가끔   **4** ㉡   **5** (1) ○
6 ④

★ 어휘력 땅땅   **1** (1) ㉣ (2) ㉮ (3) ㉯ (4) ㉰

---

1 이 글은 독서 감상문으로, 읽은 책의 제목과 내용, 책을 읽게 된 까닭, 책을 읽고 느낀 점 등이 들어갑니다.

2 이 글에서 장기려 박사는 돈이 없고 가난한 사람들에게 치료비를 받지 않거나 자신이 대신 내주어 돈을 제대로 벌지 못했다고 했습니다.

3 '종종'은 '가끔, 때때로'라는 뜻입니다.

4 글쓴이는 처음에는 자꾸 손해만 보는 장기려 박사가 좀 답답하다고 느꼈지만, 책을 읽으면서 그가 정말 훌륭한 의사라고 생각했고, 나중에는 장기려 박사가 누구에게나 존경받을 만한 의사라고 생각했습니다.

5 글의 앞부분에서 표지 속 거위를 타고 하늘을 나는 소년의 모습이 마음에 들어 이 책을 읽게 되었다고 했습니다.

6 ㉠에서 글쓴이가 닐스를 부러워하는 마음을 짐작할 수 있습니다.

★ 어휘력 땅땅

1 (1) '훌륭하다'는 어떤 사람의 말이나 행동이 좋고 뛰어나서 우러를 만하다는 뜻, (2) '심술궂다'는 남이 잘못되기를 바라는 마음이 아주 많다는 뜻, (3) '고소하다'는 미운 사람이 나쁜 일을 당해서 속이 시원하고 재미있다는 뜻, (4) '수군거리다'는 남이 알아듣지 못하게 낮은 목소리로 자꾸 이야기하다라는 뜻입니다.

10회   45~47쪽

1 (1) 라푼젤 (2) 왕자 (3) 마녀   **2** ④   **3** ㉯
4 (2) ○   **5** ③, ⑤   **6** (2) ○

★ 어휘력 땅땅   **1** (1) ㉯ (2) ㉰ (3) ㉮ (4) ㉣

2 (1) 출구 (2) 손 (3) 낮 (4) 여름

---

1 탑에 갇혀 외롭고 쓸쓸하다고 ㉠처럼 말한 것은 라푼젤입니다. ㉡은 라푼젤에게 마음을 빼앗긴 왕자가 한 말입니다. 라푼젤을 가두고 ㉢처럼 머리카락을 내려 달라고 말한 것은 마녀입니다.

2 ㉠은 외롭고 쓸쓸해서 한 말이므로 힘없는 목소리로 읽는 것이 실감 납니다.

3 ㉣과 ㉯의 '머리'는 머리카락을 뜻하고, ㉮의 '머리'는 생각하고 판단하는 능력을, ㉰의 '머리'는 사람이나 동물의 목 위의 부분을 뜻합니다.

4 왕자는 라푼젤을 만나러 갈 수 없어 애를 태우다가 그 방법을 알게 되어 매우 기뻤습니다.

5 이 글에 나오는 당나귀, 개, 고양이, 닭은 도둑들이 머무는 집에서 도둑들을 몰아내려고 합니다.

6 뒤에 이어지는 "동물들은 신이 나서 외쳤지요."를 참고합니다. ㉠에는 기쁘고 신나는 표정과 말투가 어울립니다.

★ 어휘력 땅땅

2 그림을 참고해서 주어진 낱말과 반대되는 뜻의 낱말을 찾아봅니다. (1) 입구의 반대말은 출구, (2) 발의 반대말은 손, (3) 밤의 반대말은 낮, (4) 겨울의 반대말은 여름입니다.

1 ⑤　**2** (2) ◯　**3** ㉤　**4** 민서　**5** ⑤
6 분리배출

☆ **어휘력 팡팡**　**1** (1) 종이 (2) 유리병과 캔
(3) 플라스틱　**2** (1) 착각 (2) 재질 (3) 재활용

1 ㉠의 '쓰다'는 '사용하다'라는 의미입니다.
⑤의 '세수할 때 쓴 비누'에서 '쓰다'도 사
용하다라는 뜻으로 쓰였습니다.

2 플라스틱 쓰레기를 줄여야 하는 이유는 플
라스틱의 단점에서 찾을 수 있습니다. 다
양한 모양과 가볍고 튼튼한 것은 플라스틱
의 장점에 해당합니다.

3 이 글의 중심 생각은 플라스틱 사용을 줄
여 플라스틱 쓰레기를 줄이자는 것이므로
㉤에 잘 나타나 있습니다. ㉡은 플라스틱
은 잘 썩지 않는다는 중심 문장의 뒷받침
문장이며, ㉢과 ㉣은 각 문단의 중심 문장
입니다.

4 이 글에서 글쓴이의 의견은 플라스틱 사용
을 줄여 플라스틱 쓰레기를 줄이자는 것입
니다. 이렇게 말한 친구는 민서입니다.

5 분리배출 안내문에서 캔은 내용물을 비우
고 물로 헹구어 내놓는다고 하였습니다.

6 이 글에서 글쓴이는 재활용이 가능한 쓰레
기를 바르게 분리배출해 달라고 했습니다.

☆ **어휘력 팡팡**

2 (1) 시간을 실제와 다르게 알아 늦었으므로
'착각'이, (2) 책이 좋은 재료의 종이로 만들
어졌다고 했으므로 '재질'이, (3) 못 쓰는 쓰
레기를 작품으로 만든 것이므로 '재활용'이
알맞습니다.

1 (2) ◯　**2** (2) ◯　**3** ③　**4** (순서대로) 설날,
시작　**5** (2) ◯　**6** 여름

☆ **어휘력 팡팡**　**1** 그림의 떡

1 이 글은 설날에 떡국을 먹는 까닭에 대해
설명한 글입니다. 떡국에 담긴 세 가지 의
미를 자세히 설명하고 있습니다.

2 이 글은 떡국에 담긴 여러 가지 의미로 깨
끗한 몸과 마음으로 한 해를 시작하자는
의미, 오래 살라는 소망, 풍족해지기를 바
라는 마음을 들었습니다.

3 떡국에 들어가는 가래떡과 옛날 돈인 엽전
은 동그란 모양이 서로 닮았습니다.

4 글의 내용을 잘 살펴보고 빈칸에 알맞은
낱말을 넣어 중심 내용을 간추립니다.

5 이 글로 보아 '화전'의 특징은 색깔이 아주
예쁘다는 것과 화전을 먹으면 다양한 계절
을 느낄 수 있다는 것입니다.

6 이 글에서 봄에는 진달래, 여름에는 장미,
가을에는 국화 화전을 만든다고 하였으므
로, 장미 꽃잎으로 만든 화전은 여름에 먹
을 수 있습니다.

☆ **어휘력 팡팡**

1 '양손의 떡'은 두 가지 일이 똑같이 있는데
무엇부터 먼저 해야 할지 모를 경우에 쓰
는 말이고, 아무리 마음에 들어도 이용할
수 없거나 차지할 수 없는 경우에 '그림의
떡'이라고 합니다. '누워서 떡 먹기'는 하기
가 매우 쉬운 것을 뜻하고, '떡 본 김에 제
사 지낸다'는 우연히 운 좋은 기회에 하려
던 일을 해치운다는 말입니다.

13회   57~59쪽

1 제주도   **2** (1) 1 (2) 3 (3) 2   **3** (1) ㉡ (2) ㉢
(3) ㉣   **4** (2) ○   **5** (2) ○   **6** ㉣

☆어휘력 팡팡   **1** (1) 봉우리(분홍) (2) 숙소(파랑) (3) 현무암(주황) (4) 해산물(초록)   **2** (1) ㅄ
(2) ㅉ (3) ㄲ

1 '겨울 방학을 이용해 우리 가족은 제주도를 찾았어요.'에서 장소를 알 수 있습니다.

2 우리 가족은 제주도 공항에 도착한 다음, 숙소에 들러 까만 돌담과 줄로 묶인 지붕을 본 뒤 성산 일출봉으로 갔습니다.

3 ㉡은 바다 사이의 커다란 바위를 본 것이고, ㉢은 글쓴이가 들은 말입니다. ㉣은 글쓴이가 여행을 하면서 한 생각입니다.

4 이 글은 글쓴이가 제주도를 여행한 경험을 쓴 글입니다. 비슷한 경험을 말한 친구는 설악산을 여행한 (2)입니다.

5 글쓴이는 바닷가 음식점에서 맛있는 음식을 먹고, 사장님의 도움도 받아서 고마웠던 음식점을 소개하려고 이 글을 썼습니다.

6 글쓴이는 ☆☆ 음식점에서 음식을 먹고, 우산을 두고 나왔으나 음식점 사장님이 그 우산을 챙겨 주셨습니다.

☆어휘력 팡팡

1 (1) 산에서 가장 높이 솟은 부분은 '봉우리'이고, (2) 집을 떠난 사람이 임시로 묵는 곳은 '숙소'입니다. (3) 땅거죽 가까이에서 용암이 빠르게 굳은 것은 '현무암'이고 (4) 바다에서 나는 동식물을 '해산물'이라고 합니다.

2 '없다, 뚫리다, 묶이다'에 쓰인 겹받침에 주의합니다.

14회   61~63쪽

1 ③   **2** (3) ○   **3** 호진   **4** ④   **5** ③   **6** (3) ○

☆어휘력 팡팡   **1** (1) 징그럽다 (2) 시리다
(3) 훈훈하다   **2** (1) ㉣ (2) ㉮

1 이 시에서는 비오는 날, 친구와 우산을 함께 써서 반은 비를 맞았지만 따뜻하고 훈훈하다고 하였습니다.

2 (1)의 '맞다'는 답이 틀리지 않다의 의미이고, (2)의 '맞다'는 침, 주사 등으로 치료를 받는다는 의미입니다. 반면 (3)의 '맞다'는 눈, 비 등의 닿음을 받다라는 뜻입니다.

3 이 시를 읽으면 우산을 나눠 쓰는 사이좋은 친구의 모습이 떠오릅니다.

4 이 시는 비 오는 날 친구와 우산을 함께 쓰는 모습이 떠올라 분위기가 정답고 따뜻합니다.

5 '나'는 배추벌레가 배추흰나비가 되어 날아가는 것을 보고, 눈을 똥그랗게 뜨며 놀라워했습니다.

6 '색종이 접었다 폈다 하듯 / 꽃길 접었다 폈다 하며'라는 부분과 '배추흰나비가 되어 날아가네'라는 부분에서 떠올릴 수 있는 장면은 (3)입니다.

☆어휘력 팡팡

1 '시리다'는 추위를 느낄 정도로 차다, '훈훈하다'는 마음을 녹여 주는 따스함이 있다, '징그럽다'는 소름이 끼칠 만큼 흉하다는 뜻입니다.

2 (1)과 ㉣의 '반'은 둘로 똑같이 나눈 것의 한 부분을 가리킵니다. 또 (2)와 ㉮의 '반'은 학년을 학급으로 나눈 단위를 가리킵니다.

사진 출처
· 12쪽 케밥, 쌀국수, 피시앤칩스(셔터스톡)
· 13쪽 케밥, 쌀국수, 피시앤칩스(셔터스톡)

15회 65~67쪽

1 (1) ㉮ (2) ㉰ (3) ㉯ **2** 셋째 **3** (2) ○

4 〔예〕 셋째에게 나라를 물려주었을 것이다.
왜냐하면, 셋째는 공주의 병을 낫게 하기 위해
자신의 마법 사과를 희생했기 때문이다. 등

5 (2) ○ **6** (1) ㉯ (2) ㉮

☆ 어휘력 팡팡 **1** (1) 님 (2) 쟁이 (3) 꾼 (4) 뱅이

1 첫째는 멀리 볼 수 있는 망원경, 둘째는 빠르게 날 수 있는 마법 양탄자, 셋째는 병을 낫게 하는 마법 사과가 있었다고 했습니다.

2 마법 사과를 가진 사람은 셋째입니다.

3 '씻은 듯이'는 조금도 남김없이 깨끗하게의 의미로, 여기서는 병이 아주 깨끗이 나았다는 의미입니다.

4 내가 임금이라면 누구에게 나라를 물려주었을지 생각해 보고 그 까닭과 함께 써 봅니다.

5 여우는 포도밭의 입구를 발견한 것이 아니라, 울타리 아래에서 작은 구멍을 찾았습니다.

6 배가 고픈 여우는 포도 냄새를 맡고 포도밭으로 달려갔습니다. 그리고 포도를 너무 많이 먹어 배가 부른 여우는 몸이 끼어 포도밭을 나갈 수가 없었습니다.

☆ 어휘력 팡팡

1 '님'은 사람을 높여 이르는 말, '쟁이'는 사람의 성질, 독특한 습관이나 행동을 나타내는 말, '꾼'은 어떤 일을 전문적으로 하거나 어떤 일을 잘하는 사람이라는 뜻의 말, '뱅이'는 그것을 특성으로 가진 사람이나 사물을 나타내는 말입니다.